AF499005

El *coaching* entra en el aula

Diseño de tapa:
JUAN PABLO OLIVIERI

María Laura Conte

GRANICA

ARGENTINA - ESPAÑA - MÉXICO - CHILE - URUGUAY

ARGENTINA
Ediciones Granica S.A.
Lavalle 1634 3° G / C1048AAN Buenos Aires, Argentina
granica.ar@granicaeditor.com
atencionaempresas@granicaeditor.com
Tel.: +54 (11) 4374-1456. 1158549690

MÉXICO
Ediciones Granica México S.A. de C.V.
Calle Industria N° 82 - Colonia Nextengo - Delegación Azcapotzalco
Ciudad de México - C.P. 02070 México
granica.mx@granicaeditor.com
Tel.: +52 (55) 5360-1010. 5537315932

CHILE
granica.cl@granicaeditor.com
Tel.: +56 2 8107455

ESPAÑA
granica.es@granicaeditor.com
Tel.: +34 (93) 635 4120

www.granicaeditor.com

ISBN 978-950-641-

Hecho el depósito que marca la ley 11.723

Impreso en Argentina. *Printed in Argentina*

Para mis hijos Florencia, Matías,
Agostina y Martina, quienes me permiten
ser y hacer y son el para qué de mi existencia.
A Enri, nuestro ángel, que sigues cuidándonos
y amándonos, gracias por confiar siempre en mí y
acompañarme, hoy y siempre.

Índice

Agradecimientos

Gracias a mis docentes de todos los tiempos, los cuales han sido fuente inspiradora de este libro, especialmente a Pato, quien despertó en mí mi talento. A Ediciones Granica, que apostó por un material que pueda acompañar el ser y hacer de cada docente. A cada educador que se acerca para compartir sus experiencias y aprendizajes: todos me inspiran y alientan. A mis amigos, los del colegio, las mamás de los amigos de mis hijos, los coaches, los de la vida, porque el amor que me brindaron en este último tiempo es incalculable. A Andrés, por permitirme desplegar mis alas y respetarme en esta pasión que es el coaching. A Jaqueline Kerlakian, mi socia, amiga y propulsora de grandes acciones, por seguirme en mis locuras y por convocarme y permitirme SER. A mi familia, la más cercana y la extensa, por siempre confiar en mí y alegrarse de mis logros. A mi mamá, por ser fuente inspiradora de lucha. A mis hijos, por amarme y alegrarme cada mañana. A ti, Enri, por regalarme esta familia hermosa y por acompañarme hasta donde Dios quiso.

¡Y gracias al lector por dejarme acompañarlo en este camino!

Prólogo

Cuando Laura me invitó a escribir este prólogo, ¡lo primero que me surgió fue una emoción indescriptible! Desde hace unos años venimos compartiendo este sueño y hoy se hace realidad. Brindo porque se haya animado a hacerlo, a mostrar al mundo quién es, qué piensa. Con este libro, ha plantado una semilla que puede germinar en el corazón de quien lo lee.

Conozco a Laura desde hace poco más de treinta años, conocí sus sueños, sus alegrías, sus dolores, y leyendo este libro, un sueño hecho realidad, no puedo evitar emocionarme. Ella es una persona única, transparente, espontánea, trabajadora, madraza "a *full*", compañera, amiga, fiel, honesta, respetuosa, amorosa, ¡qué más decir! Es un placer trabajar con ella. Compartí y comparto muchas de sus experiencias, mis experiencias vividas a través de ella y con ella, y todo esto lo siento reflejado en este libro.

Lo que más me gusta es la simpleza con la que está escrito. Con un lenguaje muy sencillo, se busca que el docente desarrolle habilidades que van más allá de impartir conocimientos en un aula.

Muchos libros hablan de innovación en la educación, del nuevo contexto, de que ya no podemos seguir trabajando como docentes como lo hacíamos en las décadas pasadas. Lo que distingue el libro de Laura es la invitación a repensarnos como personas que nos desempeñamos en el ámbito educativo: cómo y quiénes tenemos que SER para hacernos cargo de un grupo de alumnos pertenecientes a una generación que responde a paradigmas tan diferentes de los nuestros y que van a trabajar en una realidad que hoy no existe aún.

Sería ingenuo pensar que los cambios de los que el mundo habla se resuelven con tecnología, técnicas o cambios de contenidos. Somos los docentes quienes tenemos que empezar a generar ese cambio y a esto invita Laura con su libro.

Dicen que nuestros hijos miran más que escuchan. ¿Qué están viendo los alumnos en nosotros como educadores?

Si "enseñamos lo que sabemos y educamos lo que somos", entonces el cambio tiene que empezar en nosotros. La frase de Mahatma Gandhi que cita Laura muestra esto claramente: "Si quieres cambiar el mundo, empieza a cambiar tú mismo, y el mundo cambiará".

El libro muestra de manera muy didáctica cómo crear contextos colaborativos, desarrollar la escucha, ser aprendices toda la vida, gestionar nuestras emociones... y mucho más.

Cuando provocamos cambios en el entorno, aparece un terreno fértil para el aprendizaje y la comprensión, que debe estar atravesado por los cinco valores que se mencionan en la introducción: compromiso, integridad, responsabilidad, humildad y amor. Son valores que, como bien dice Laura, llevan a transformarnos, provocando un resultado más efectivo en el aprendizaje de nuestros alumnos. Los testimonios de las personas que pasan por nuestras capacitaciones, nuestros cursos, jornadas, congresos, así lo reflejan.

El libro brinda actividades y una serie de recursos para que el docente mejore su desempeño en el aula, motivando más a sus alumnos, sabiendo prevenir y gestionar conflictos, proponiendo actividades interesantes y atractivas, y preguntas que nos lleven a la reflexión permanente sobre nuestro **ser**.

A Laura, así como se reconoce: enamorada de la educación, con el firme propósito de cambiar el mundo a través de ella misma, agradezco haberla conocido, haberla elegido como compañera de ruta, admirándola en su **ser** y en su **hacer**.

Para mí, la lectura de este libro fue un deleite. Invito a que otros la emprendan, se pierdan entre estas páginas, sepan reconocer lo que muestran y se animen a ponerlo en práctica.

Jaqueline Kerlakian
Coach Profesional, PCC.
Mentora certificada ICF

Introducción

Qué alegría inmensa poder escribir el prólogo de este libro, el cual tuve el honor de ir conociendo en todo su trasfondo e historia.

Conozco a Laura en diferentes contextos, y en todos ellos reconozco en ella una sólida coherencia entre lo que siente, piensa, dice y hace. Es por ello que estoy convencida de que este libro nace desde su corazón, desde su convicción de cómo el coaching posee herramientas concretas para transformar la educación.

Y esa misma coherencia se ve reflejada a lo largo de todo el libro buscando que el lector se rediseñe en pos de lograr un mayor nivel de integración entre su ser docente y su "hacer" docencia. De esta manera, nos invita a preguntarnos, cuestionarnos y reinventarnos en nuestro rol dentro de la educación.

Y sobre todo nos desafía: nos desafía a declarar mayores niveles de excelencia en el ámbito educativo, buscando transformarnos para luego poder transformar.

Este libro conmueve a quien lo lee. *Con-mueve*: mover-con. Nos impulsa a encarar y diseñar acciones diferentes, siempre teniendo en cuenta que la calidad de nuestras relaciones son las que generarán el real impacto en la esfera educativa.

María Laura supo articular de manera única y original la disciplina del Coaching Ontológico con el ámbito educativo, y de ello resulta una integración que brinda herramientas concretas y poderosas para quienes deseen adquirir nuevas habilidades en el "saber hacer".

Es así como el presente libro lleva al lector a zambullirse en múltiples contenidos del coaching, siempre anclados a la situación del aula, brindándonos elementos claros y precisos para poder utilizarlos.

Con un enfoque práctico, este libro nos brindará técnicas, ejercicios y herramientas concretas para utilizar en nuestro rol docente. A través de cuentos, metáforas, ejemplos y gráficos, Laura ilustra de manera contundente cada tema visto, logrando entretener al lector y buscando dejar huella no solo a nivel contenido sino también a nivel emocional.

De esta manera, podemos llamar a este libro "El botiquín" del docente, dado que, con seguridad, brindará los "primeros auxilios" a quienes nos dedicamos al ámbito educativo, en cada emergente que se presente en el aula.

Tomando la frase de Teilhard de Chardin, "Todo lo que asciende converge": el presente libro es un fiel ejemplo de que es en la unión de disciplinas y de distintos enfoques en donde podremos crear mayor valor y solidez en nuestro quehacer profesional.

Ahora sí, ¡a disfrutar y entretenerse, a la vez que aprende y se transforma! Ese es mi deseo para cada lector que tenga su cita individual con *El coaching entra en el aula.*

Lic. Solvejg Sofia Rivera Bernsdorff

Psicóloga - Coach Ontológico
Terapeuta Sistémica
Especialista en Rorschach

Palabras liminares

[...] entonces comprendí que lo que el árbol tiene de florido,
vive de lo que tiene sepultado.

Francisco Luis Bernárdez

Escribir este libro significó tiempo, dedicación y hábito. Desde que entré en el mundo del coaching supe del valioso aporte de este para mejorar los espacios relacionales donde nos movemos diariamente, y hoy, experimentando los resultados que trae en las organizaciones educativas, reafirmé esa creencia. Es el objetivo de este libro permitir que se formulen infinitas preguntas y se reflexione acerca de cómo está uno actualmente en su rol de educador, ya sea docente o directivo, y cuál sería aquel al que aspira llegar. ¿Qué desea mantener? ¿Qué quiere cambiar? ¿Qué puede incorporar?

Cuando tenga estas respuestas, seguramente podrá armar un plan de acción para lograr la mejor versión de sí mismo como educador.

"Tú tienes las cualidades para ser una gran docente." Esas palabras siguen resonando en mi cabeza treinta años después de que Pat, mi docente de inglés, viera en mí mi talento. Actualmente, reconozco que amo la educación y todo lo que ella conlleva. Me apasionó siempre entrar en el aula y jugar con mis alumnos, ver cómo ellos lograban sus objetivos; luego, acompañar a mi equipo docente para ayudarlo a potenciar sus talentos. Y ahora, desde mi rol de capacitadora, siento una gran emoción por ser parte de una comunidad de aprendizaje que busca intensamente transformar la educación y transformarse. Si una frase me describe hoy es: soy una eterna aprendiz.

Es mi intención que los lectores de este libro puedan encontrar su propia manera de **ser** y de **hacer** educación, que mejoren sus relaciones, que potencien sus capacidades y las de aquellos a quienes lideren, que sean agentes de cambio…

Quise cambiar el mundo y nada cambió, cambié yo y cambió todo.

Anónimo

Espero que surfeando estas páginas el lector reflexione acerca de estas cuestiones: ¿qué lo llevó a ser educador?, ¿cuáles fueron sus primeras motivaciones?, ¿qué sucedió en el camino?, y que vuelva a conectarse con esa voz interior de pasión y compromiso, que sople la brasa que revivirá su llama de educador. Eso constituye el **para qué** de este libro.

Dentro de un mundo globalizado y en constante cambio, la educación actual debe encontrar una nueva manera de adaptarse a ello. La información se encuentra a tan solo un *click* y el rol de nosotros, los docentes, sigue siendo el mismo que hace doscientos años. Hay un cambio en la manera de comunicarnos, de relacionarnos, hay cambios de valores, de actitudes, y esos cambios en la sociedad no son ajenos a la educación. Es hora de avanzar desde la era industrial que educaba alumnos en serie para ser trabajadores en fábricas a la era del conocimiento, donde encontramos una revolución en el desarrollo del talento. Este es el momento para que el modelo educativo actual dé una respuesta a estas nuevas demandas. Pero, ¿cómo?

Vivimos en un mundo VICA: Volátil, Incierto, Complejo y Ambiguo, y dentro de este contexto, la escuela debe acompañar a las familias a desarrollar adultos que posean autonomía, espíritu crítico, que se relacionen en forma efectiva con otros y que, sobre todo, posean maestría emocional. Entonces, el nuevo enfoque de la educación será tanto directivo como transformacional, cooperativo, centrado en el alumno y el docente.

Para esto es primordial educar no solo en el **saber** (conocimientos) y en el **hacer** (la puesta en práctica de estos conocimientos) sino fundamentalmente en el **ser**, desarrollando capacidades para generar ambientes positivos de aprendizaje y potenciar a nuestros alumnos, y a los directivos y docentes.

La escuela debe transformarse en un espacio donde los contenidos académicos den lugar también a los procesos emocionales y, así, educar **integralmente** al alumno.

Este libro surge de un gran amor a la educación y de la convicción de que un cambio es posible si lo realizamos a conciencia, paso a paso, con compromiso y confianza. Los valores que sustentan este modelo se basan en:

- **Compromiso** conmigo y con cada uno de ustedes. Involucrándonos en lo que amamos hacer y ser, obtendremos los resultados deseados.
- **Integridad**, siendo coherentes en nuestro decir y hacer, generando de esta manera la confianza necesaria para ser educadores.
- **Responsabilidad** frente a las diversas circunstancias, siendo protagonistas para alcanzar aquello que deseamos.

- **Humildad** frente al otro. Cada día sigo aprendiendo de cada uno de los que encuentro y que me acompañan en este viaje.
- **Amor** por lo que hago y hacia el otro. Es así como me permito ofrecerme genuinamente a los demás.

La experiencia de docentes y directivos que han optado por trabajar desde este modelo ha sido transformadora. Un camino de ida con un inmenso poder de acción y de aprendizaje. Los invito a transformarse, a experimentar, a animarse a una nueva mirada. ¿Aceptan este desafío?

Parada 1. Desde el origen

Lo mejor que puedes hacer por los demás no es enseñarles tus riquezas sino hacerles ver la propia.

Johann W. Goethe

¿Qué es el coaching? ¿Qué sabe acerca del coaching? ¿Cuáles son las primeras imágenes que le vienen a la mente con respecto a esta palabra? ¿Y qué sensaciones le provocan?

El coaching tiene su origen en el tenis, cuando el coach Timothy Gallway escribe en su libro *El juego interior del tenis*: "Cada juego consta de dos partes: un juego exterior y un juego interior. El juego exterior se juega contra un adversario externo, para superar obstáculos externos o alcanzar una meta. No se puede lograr el dominio de ningún juego sin prestar atención a las habilidades del juego interior. **El juego interior tiene lugar en la mente del jugador** y se juega contra obstáculos como la falta de concentración, el nerviosismo, las dudas y la autocrítica. Se juega para superar todos los hábitos de la mente que inhiben la excelencia en el desempeño deportivo"[1]. Gallway agrega: "el coaching

1 Gallwey, Timothy: *El juego interior del tenis* (*The Inner Game of Tennis*). Random House, 1974.

consiste en liberar el potencial de una persona para incrementar al máximo su desempeño. **Consiste en ayudarle a aprender en lugar de enseñar**".

El coach es un entrenador para la vida, lleva a su coacheado a recorrer caminos que él mismo diseña pero que, quizás, nunca se atrevió a transitar: es un facilitador del aprendizaje, un provocador (Peter Senge dice que la gente no se resiste al cambio, se resiste a ser cambiada), es un detective que curiosea, investiga, indaga y, esencialmente, es un soplador de brasas (Leonardo Wolk, *El arte de soplar brasas*[2])... Y nosotros, como educadores, ¿qué somos sino la expresión de todos los roles mencionados?

➢ **ACTIVIDAD. Su bitácora personal**

Elija una libreta, un cuaderno que le agrade y pueda llevar consigo. Conviértalo en su bitácora personal. Será el espacio donde escribirá sus pensamientos, sensaciones, emociones a lo largo de este proceso. Sirve para seguir los cambios que irá experimentando a medida que ponga en práctica las actividades propuestas. La presencia del ícono presentado al costado es una manera de sugerirle que escriba en su bitácora. ¡Éxitos!

El coaching es una forma de acompañar al otro para que pueda desarrollar su máximo potencial generando futuro. Fundamentalmente, es un proceso orientado al aprendizaje y a la transformación. Existen diversos enfoques y definiciones pero en su esencia es una forma de auto-observarse, traer a la conciencia, reflexionar y accionar con respecto a los diversos desafíos que se nos presentan.

El coach desarrolla habilidades conversacionales, de autoconocimiento, gestión emocional, y la capacidad para

2 Wolk, Leonardo: *El arte de soplar brasas*. Gran Aldea Editores, Buenos Aires, 2009.

aprender a aprender, con el propósito de ayudar a generar cambios en las personas, en las relaciones y en las organizaciones.

Sobre la base del concepto de que somos seres lingüísticos y que el lenguaje genera acción, el coach posee una mirada integral del ser humano, que se despliega en tres dimensiones: **cuerpo**, **emoción** y **lenguaje**, lo que le permite intervenir desde cualquiera de las tres áreas (más adelante desarrollaremos herramientas de intervención).

¿Qué relación tiene el coaching con la educación?

Fernando Pérez Bou sostiene que "el coaching educativo es una didáctica que potencia espacios más colaborativos y asociativos de aprendizaje". Carmen Valls Ballesteros y Coral López[3] nos dicen: "Se trata de dotar a directivos y profesores de herramientas para poder desempeñar los roles de líder-coach (enfocado en el crecimiento de su equipo) y de docente-coach (enfocado en el crecimiento integral de sus alumnos)". Para entender esto lo invito a realizar la siguiente actividad.

➢ ACTIVIDAD 1. Recuerdos

Elija un lugar cómodo, en silencio o con alguna música tranquila y cierre los ojos. Piense y conéctese con un momento de su educación, que puede ser en la escuela primaria o secundaria. Recuerde un docente o un directivo que lo hizo sentirse especial. ¿Qué hizo? ¿Qué emociones generó en usted? ¿Por qué era diferente al resto de sus compañeros? Seguramente, de este docente recuerda emociones positivas y placenteras, similares a las que experimentó en aquel momento, más que la materia que enseñaba.

Anote sus impresiones y sensaciones en su libro de bitácora.

---

3 López Pérez, Coral y Valls Ballesteros, Carmen: *Coaching educativo*. Ediciones SM, 2013.

Uno recuerda con aprecio a los maestros brillantes,
pero con gratitud a los que tocaron nuestros sentimientos.
Carl Gustav Jung

Cuento. La maestra Riveros

Su nombre era Señora Riveros mientras estuvo al frente de su clase de quinto grado. Inició el primer día de clases diciéndoles una mentira a los niños.

Como la mayor parte de los profesores, ella miraba a sus alumnos y les decía que a todos los quería por igual. Pero eso no era posible, porque ahí, en la primera fila, desparramado sobre su asiento se encontraba un niño llamado Facundo Moreno.

La Señora Riveros había observado a Facundo desde el año anterior y había notado que él no jugaba muy bien con otros niños, su ropa estaba muy descuidada y constantemente se veía que necesitaba darse un buen baño.

Facundo comenzaba a ser un tanto desagradable. Llegó el momento en que la Señora Riveros disfrutaba marcando con fibra roja una gran X y colocando un cero muy llamativo en la parte superior de las tareas de Facundo.

En la escuela donde la Señora Riveros enseñaba, le era requerido revisar el historial de cada niño, pero ella dejó el expediente de Facundo en espera. Cuando por fin se decidió a revisarlo, se llevó una gran sorpresa. La maestra de primer grado había escrito: "Facundo es un niño muy brillante, con una sonrisa sin igual. Hace su trabajo de una manera limpia y tiene muy buenos modales... es un placer tenerlo cerca".

Y su maestra de segundo grado afirmaba: "Facundo es un excelente estudiante, se lleva muy bien con sus compañeros, pero se nota preocupado porque su madre tiene una enfermedad incurable y el ambiente en su casa debe ser muy difícil".

La maestra de tercer grado comentaba: "Su madre ha muerto, ha sido muy duro para él. Él trata de poner su mejor esfuerzo, pero su padre no muestra mucho interés y el ambiente en su casa lo afectará pronto si no se toman ciertas medidas".

Su maestra de cuarto grado sentenciaba: "Facundo se encuentra atrasado con respecto a sus compañeros y no muestra mucho interés en la escuela. No tiene muchos amigos y en ocasiones duerme en clase".

Ahora, la Señora Riveros caía en la cuenta del problema y estaba apenada por el niño. Comenzó a sentirse peor cuando sus alumnos le llevaron sus regalos del Día del Maestro, envueltos con preciosos moños y papel brillante, excepto Facundo. Su regalo estaba mal presentado en un envoltorio amarillento que él había arrancado de una bolsa de papel.

A la Señora Riveros le dio pánico abrir ese regalo en medio de los otros presentes. Algunos niños comenzaron a reírse cuando ella encontró un viejo brazalete y un frasco de perfume solo lleno en su cuarta parte. Ella detuvo las burlas de los niños al exclamar lo precioso que era el brazalete mientras se lo probaba y se colocaba un poco del perfume en su muñeca.

Ese día, Facundo Moreno se quedó al final de la clase, el tiempo suficiente para decir: “Señora Riveros, el día de hoy usted huele como solía oler mi mamá”.

Cuando el niño se fue, ella se puso a llorar un momento largo.

Desde ese mismo día, la maestra dejó de enseñarles aritmética, a leer y a escribir a los niños. En lugar de eso, comenzó a educarlos y puso especial atención en Facundo.

Conforme comenzó a trabajar con él, su cerebro empezó a revivir. Mientras más lo apoyaba, más rápido le respondía él.

Para el final del ciclo escolar, Facundo se había transformado en uno de los niños más aplicados de la clase y, a pesar de su mentira de que quería a todos sus alumnos por igual, se convirtió en uno de los consentidos de la maestra.

Dos años después, ella encontró una nota debajo de su puerta. Era de Facundo, quien le decía que ella había sido la mejor maestra que había tenido en toda su vida.

Cinco años después, por las mismas fechas, recibió otra nota de Facundo. Ahora le contaba que había terminado el secundario siendo el tercero de su clase y que ella seguía siendo la mejor maestra que había tenido en toda su vida.

Cinco años después, recibió otra carta que decía que, a pesar de que en ocasiones las cosas fueron muy duras, se había mantenido en la escuela y pronto se graduaría con los más altos honores. Facundo le reiteraba a la Señora Riveros que seguía siendo la mejor maestra que había tenido en toda su vida y su favorita.

Cuatro años después recibió otra carta. En esta ocasión le explicaba que después de concluir su carrera decidió viajar un poco. Aseguraba que ella seguía siendo la mejor maestra que había tenido y su favorita, pero ahora su nombre se había alargado un poco: la carta estaba firmada por el Doctor Facundo Moreno.

La historia no termina aquí; existía una carta más para leer, donde Facundo contaba que había conocido a una chica con la cual iba a casarse. Explicaba que su padre había muerto hacía un par de años y le preguntaba a la Señora Riveros si le gustaría ocupar en su boda el lugar usualmente reservado para la madre del novio. Por supuesto, la vieja maestra aceptó, y adivinen...

Ella llegó adornada con el viejo brazalete y se aseguró de usar el perfume que Facundo recordaba que había usado su madre durante la última Navidad que pasaron juntos.

Se dieron un gran abrazo y el doctor Moreno le susurró al oído: "Gracias, señora maestra, por creer en mí. Muchas gracias por hacerme sentir importante y mostrarme que yo puedo hacer la diferencia".

La Señora Riveros, con lágrimas en los ojos, tomó aire y dijo: "Facundo, te equivocas, tú fuiste quien me enseñó a mí. Yo no sabía cómo educar hasta que te conocí".

Si hoy le pregunto: ¿cuál es su rol como docente?, ¿qué tarea desempeña?, seguramente la respuesta será: **enseñar**. Y si pregunto: ¿cuál es el rol de un jugador de fútbol? El defensor defiende, el atacante debe atacar y el arquero, cuidar que no entre una pelota en su arco. Sin embargo, el fin último de cada uno es **ganar el partido**.

El rol es la tarea que desempeña como docente, directivo, auxiliar..., pero el **objetivo último** de su ser docente es **hacer que sus alumnos aprendan**.

Es así como cambiamos una educación centrada en el docente y la escuela por un modelo enfocado en el alumno. El docente-coach es un **facilitador del aprendizaje** que pone al que aprende en el centro y lo hace responsable de su aprendizaje y de su cambio.

Un modelo educativo que aplica herramientas de coaching nos permite lograr:

1. Que los alumnos
   - aprendan a conectarse con sus propias emociones, sus pensamientos, sus deseos, con sus capacidades y dificultades;

- generen relaciones más efectivas, aprendiendo a convivir con otras formas de pensar y sentir y respetando así la diversidad;
- se involucren en su proceso de aprendizaje, comprometiéndose y desarrollando una mentalidad de crecimiento.

2. Que los equipos docentes
   - eleven su nivel de conciencia de los pensamientos, emociones y sensaciones, para que estos abarquen situaciones complejas y encuentren soluciones efectivas, priorizando las relaciones;
   - generen contextos de cooperación, confianza y compromiso, y procuren potenciarlos.
3. Que los directivos
   - desarrollen un liderazgo motivador para fortalecer a sus colaboradores;
   - habiliten y se comprometan con una cultura de bienestar en su institución.

En eso consiste hacer visible lo invisible... Bucear para encontrar las respuestas que se esconden debajo del *iceberg* y, desde allí, trabajar para mejorar la comunicación, las relaciones y los resultados.

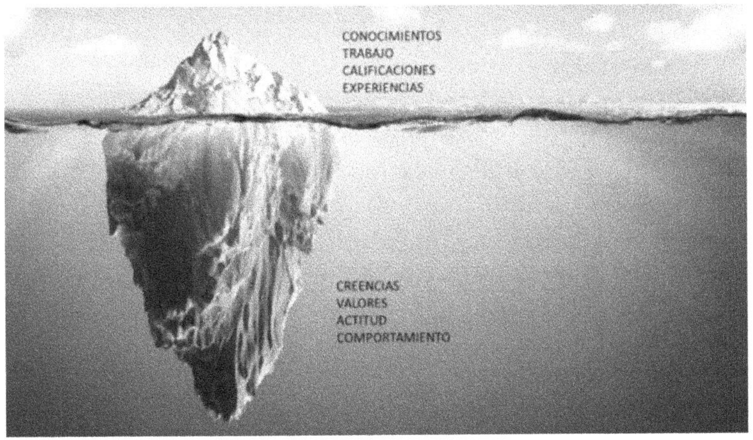

Marque con una cruz en la tabla que sigue las características que posee actualmente su institución.

Modelo 1		**Modelo 2**	
Trabajo docente aislado.		Trabajo colaborativo, equipo docente.	
Docente como instructor.		Docente como facilitador.	
Énfasis en las competencias curriculares.		Balance entre las competencias curriculares, emocionales y relacionales.	
Error = fracaso = corrección.		Error = espacio de aprendizaje.	
Autonomía del alumno restringida.		Favorece la autonomía y participación de los alumnos.	
Mirada hacia la escuela.		Mirada sistémica hacia la escuela y su entorno.	

¿Dónde ha marcado más cruces? ¿En el modelo 1 o en el 2? El modelo 1 se orienta a una escuela tradicional, con el foco puesto en el docente como centro del saber. El modelo 2 apunta a una mirada centrada en el alumno, ya que las relaciones constituyen el eje fundamental para la consecución de objetivos.

El modelo de coaching educativo se centra tanto en educar desde los contenidos curriculares y su uso como, básicamente, en desarrollar habilidades que les permitirán a los alumnos adquirir las competencias actitudinales para su futuro profesional y personal. El éxito académico ya no garantiza el éxito profesional o personal. Seguramente serán las aptitudes las que lleven a una persona a alcanzar un puesto de trabajo, pero será su actitud en sus relaciones interpersonales y su capacidad de colaboración y de trabajo en equipo las que harán que permanezca y crezca profesionalmente en este.

La educación no se trata de llenar un balde,
sino de encender un fuego.
William B. Yeats

Entonces, ¿qué pasará cuando un alumno nos falte el respeto, cuando ataque a un compañero, cuando un padre nos confronte?, ¿qué sucederá cuando una reunión de docentes se transforme en una batalla campal? ¿Pueden pensar en otras situaciones donde se encontrarán o encuentran a menudo sin respuesta? Son estas situaciones las que hacen que como docentes y directivos debamos buscar nuestra identidad profesional, conectarnos con nuestros valores, creencias, revisar nuestras opiniones, evaluar qué y cómo decimos lo que decimos, y fijarnos metas. Para esto tendremos que ser flexibles, poseer maestría emocional, un alto grado de compromiso y responsabilidad. Trabajar en nuestro ser y en el de nuestros alumnos, para el hacer, trabajar en nuestras relaciones para obtener los resultados deseados. Educar en el ser es tener en cuenta los aspectos relacionales y emocionales.

Nuestro eje conductor será:

La calidad de nuestras conversaciones se verá reflejada en la calidad de nuestras relaciones y estas impactarán proporcionalmente en los resultados que obtengamos.

➢ **ACTIVIDAD 2. Invitación a reflexionar**

¿Qué docente soy hoy? ¿Quién quiero ser? Responda honestamente cada una de las preguntas.

1. ¿Cómo siento que es hoy mi estilo de enseñanza: unidireccional, instructor, facilitador de aprendizajes? Busque ejemplos concretos y observables que fundamenten su respuesta (por lo menos tres).
2. Las emociones juegan un rol fundamental en mi clase. ¿Me interesa saber cómo se encuentran mis alumnos a diario?, ¿conversamos acerca de sus sentimientos? O, si bien me interesa, ¿dejo para otros momentos esos espacios de diálogo? (por ejemplo durante el recreo).
3. ¿Cómo me siento cuando expreso mis emociones delante de mis alumnos, mis colegas o mi equipo directivo? ¿Qué me permite expresarlas? o ¿qué me obstaculiza hacerlo?
4. Le pido que comparta

   Tres fortalezas

   1. ....
   2. ....
   3. ....

   Tres aspectos que le gustaría mejorar

   1. ....
   2. ....
   3. ....

   Si puede, acompañe a cada fortaleza o aspecto de mejora con un ejemplo.
5. ¿Qué le gustaría lograr como docente/directivo? ¿Qué tipo de docente/directivo comenzaría a construir?

Hoy en día, nos enfrentamos a un gran desafío:

> *La necesidad de formar a las nuevas generaciones en competencias emocionales que las capaciten para saber gestionar la incertidumbre y desarrollar la suficiente flexibilidad para adaptarse a situaciones de cambio.*
>
> *El reto es formar alumnos que además de excelentes conocimientos tengan buenas habilidades emocionales y de trabajo en equipo, que sepan comunicarse y desarrollen un pensamiento crítico y creativo.*
>
> Coral López Pérez y Carmen Valls Ballesteros
> *Coaching educativo*

Para lograr esto, debemos desaprender para volver a aprender…

¿Me acompañan?

Parada 2. Sentando las bases

Los analfabetos del siglo XXI no serán aquellos que no sepan leer ni escribir, sino aquellos que no sepan aprender, des-aprender y reaprender.

Alvin Toffler

Durante una conversación con una directora, ella me comentaba lo siguiente:

> Directora: El problema que tenemos en esta escuela es que los docentes no están comprometidos y debemos hacer que esto mejore.
> Coach: Si entiendo bien, ustedes desean aprender cómo comprometer a sus docentes.
> Directora: Bueno, en realidad ya sabemos cómo motivarlos, no necesitamos aprender.
> Coach: ¡Perfecto! Entonces, si ya saben, me interesaría conocer qué han hecho y qué resultados obtuvieron.
> Directora: En realidad sabemos lo que hay que hacer, pero no lo hemos implementado aún.
> Coach: Entonces no saben cómo hacer para que estén motivados.
> Directora: Sí sabemos, es que no logramos que se motiven. Hemos desarrollado toda una estrategia pero es esta generación de docentes que no lo hacen...

En la jerga cotidiana, aprender significa adquirir conocimiento, tener información. Sin embargo, tener información sobre el cuerpo humano no me habilita para realizar una operación, o que mi hijo tenga mucha información de mecánica no significa que pueda arreglar mi auto.

¿Qué aprendiste hoy en la escuela? ¿Les resuena esa pregunta? Recuerdo la cantidad de fotocopias que teníamos para estudiar en mi época de estudiante, infinidad de apuntes que colocaba prolijamente en folios etiquetados y estudiaba memorizando, llenando mi cabeza de información para luego "vomitarla" en un final. No obstante, la palabra aprender viene del latín *aprendere, asire* (tomar). Si tenemos en cuenta esta etimología, podemos afirmar que aprender es mucho más que saber.

El aprendizaje es experiencia, todo lo demás es información.

Albert Einstein

Saber es tener el conocimiento acerca de algo.

Saber hacer es poder aplicar ese conocimiento, poner las capacidades y las habilidades en acción.

Saber ser son nuestras actitudes con respecto a un saber dado o adquirido.

Por ejemplo, yo puedo leer cómo hacer una torta (**saber**). Si pongo esos conocimientos en acción, es decir, preparo la torta, decimos que **sé hacer** una torta.

Con el tiempo, veo que me apasiona hacer tortas y soy buena en esto; entonces, sigo ampliando mis saberes y saber hacer y, finalmente, abro una pastelería y vivo de la venta de mis tortas, disfrutando de mi trabajo (**saber ser**).

***Aprender* es ampliar mi capacidad de acción: es ampliar mi saber hacer.**

Fred Kofman explica en su libro *Metamanagement*[4]: "aprender es aumentar la capacidad para producir los resultados que uno desea [...] la concepción tradicional del saber quita poder a los estudiantes. En vez de buscar el saber-cómo (poder), los estudiantes quedan atrapados en la búsqueda del saber-qué (información). Así es el modelo de aprendizaje tipo archivo o banco de datos, donde la mente del estudiante es un vacío que debe ser llenado con información. En este modelo bancario del conocimiento, el maestro, que es quien sabe, realiza depósitos en la mente de los estudiantes para transferirles parte de su conocimiento, y se despreocupa de la aplicabilidad del mismo en la vida de quien está aprendiendo".

David Perkins comenta en *Educar para un mundo cambiante*[5]: "nuestra mente solo guarda los conocimientos que tenemos oportunidad de utilizar en algún aspecto de nuestras vidas, ya sea personal, artístico, cívico o cualquier otro. [...] El conocimiento es bueno solo si llega la ocasión de tener que recurrir a él y de este modo mantenerlo con vida".

Entonces, aprender es incorporar nuevas competencias o habilidades para alcanzar aquello que antes estaba fuera de nuestro alcance. La única manera de saber si he aprendido es ver el resultado que antes no podía obtener.

INFORMACIÓN + EXPERIENCIA = APRENDIZAJE

La psicología del desarrollo ha identificado tres factores sociales que son esenciales en el aprendizaje. Se trata de tres habilidades sociales básicas que se aprenden desde temprana edad y que, luego, son fundamentales en el colegio. La primera es la **imitación**, la segunda, la **atención compartida** y la tercera es la **comprensión empática**.

4 Kofman, Fred: *Metamanagement*. Grito Sagrado, 2001.

5 Perkins, David: *Educar para un mundo cambiante*. Ediciones SM, 2017.

- **La imitación** es la acción primera de todo niño y quizás el mecanismo social más poderoso.
- Lo invito a pensar en una actividad o actitud que hacen o hacían sus padres, o que hace usted y ahora también hacen sus hijos…
- **La atención compartida** se centra en dos o más personas prestando atención a la presencia a un objeto o evento.
- **La comprensión empática** es la capacidad de sentir las emociones y sensaciones del otro.

En el aula, la imitación y la comprensión empática son algunos de los pilares fundamentales para que el aprendizaje ocurra. Quizá conozca a algún docente que posee conocimientos extraordinarios y vasta experiencia en su materia pero debe desarrollar la empatía. ¿Qué sucede con sus alumnos? Se produce un apagón emocional en ellos y pierden la motivación y el interés por la materia.

Mi hija, en séptimo grado, detestaba Lengua: mostraba una actitud negativa frente a la materia y, obviamente, su rendimiento iba en concordancia con su emoción y sus pensamientos. Sin embargo, en primer año cambió su docente y la empatía que manifestó hacia ella hizo que realizara un vuelco de 180 grados con respecto a la materia. ¿Cuál es su opinión al respecto?

Ahora me surgen preguntas: ¿aprendemos de 8 a 16 cuando estamos en la escuela y dejamos de aprender al volver a casa? ¿Aprendemos matemáticas en la cuarta hora y dejamos de aprender en el recreo? ¿Aprendemos cuando hacemos un experimento pero dejamos de aprender cuando jugamos un video juego, vamos al cine o a la plaza, o de vacaciones? Sencillamente, **no**.

Aprendemos en todo momento y en todo lugar, estamos continuamente aprendiendo, incluso los adultos.

Quien se atreva a enseñar nunca debe dejar de aprender.
John Cotton Dana

Un niño no comienza a aprender con ideas abstractas, sino con percepciones, emociones, sensaciones, movimientos, todo lo que está afuera, en el mundo, lo motiva. Por eso, un medio ambiente positivo y estimulante dará lugar al aprendizaje, mientras que uno amenazador, castigador, estresante, generará ansiedad, disminuyendo la atención en el niño e impidiendo el aprendizaje.

A continuación se muestran las cuatro fases del aprendizaje.

Cuadrante I. **Lo que sé que sé.**	Cuadrante II. **Lo que sé que no sé.**
Cuadrante III. **Lo que no sé que sé.**	Cuadrante IV. **Lo que no sé que no sé.**

- **Lo que sé que sé**: es un espacio donde me muevo con certidumbre. Yo sé que sé manejar, sé hablar inglés, andar en bicicleta. Me siento cómoda en este espacio y no tengo nada más que aprender.
- **Lo que sé que no sé**: a este espacio lo llamamos espacio de ignorancia. Sé que hay cosas que desconozco y puedo elegir aprender. Sé que no sé hablar chino o arreglar una computadora.
- **Lo que no sé que sé**: se da en situaciones extremas donde ni nosotros mismos sabemos que poseemos tal habilidad o capacidad de acción. Recuerdo a una mujer que cuando su hijo quedó atrapado debajo del auto donde viajaban, en un accidente, logró levantar este para sacarlo de allí. Obviamente, esa mujer no sabía que poseía esa fuerza descomunal.

- **Lo que no sé que no sé:** a este espacio lo llamamos espacio de ceguera. No sé, ni puedo imaginar aquello que no sé, porque no lo veo no lo reconozco. El coach trabaja en este espacio como en la metáfora del *iceberg* para traer a la superficie aquello que está por debajo y es aún más grande.

Normalmente, nos manejamos con los cuadrantes I y II. Allí estamos cómodos, en lo que denominamos nuestra zona de confort.

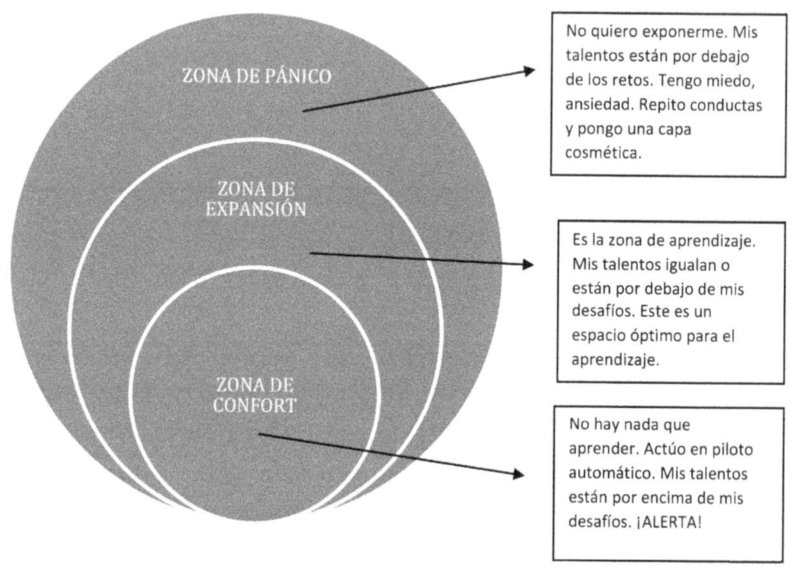

➢ **ACTIVIDAD 3. Mis zonas**

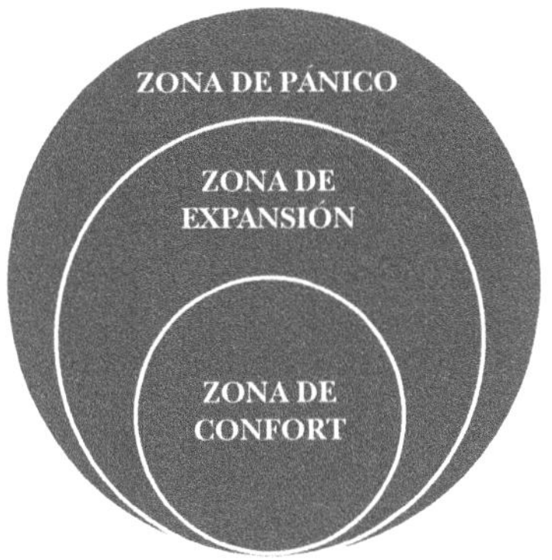

¿Qué escribiría en cada zona?

Zona de confort: ¿dónde se encuentra cómodo, en donde todo se le da sin esfuerzo? Materia - Escuela - Grado.

Zona de expansión: elija un área donde todavía haya algo para aprender o un desafío que lograr, por ejemplo, capacitarse en nuevas pedagogías, aprender nuevas TIC para incluirlas en sus clases.

Zona de pánico: ¿qué le está impidiendo entrar en su zona de expansión? Tiempo, emociones, dinero...

Aprender ocurre cuando identifica un área en la que no sabe, donde es incompetente. Esto implica salir de su zona de confort, donde no tiene nada que aprender, expandirse, para relevar aquellos desafíos que le generan un no saber, para poder aprender.

Pero cuando se atreve a salir de esa zona, en ese camino se encuentra con obstáculos que surgen quizás de sus creencias, de lo que le dice el entorno, los tan temidos **enemigos del aprendizaje.**

Los enemigos del aprendizaje

Todos estamos deseosos de aprender. Sin embargo, existen muchas amenazas que echan por la borda esas intenciones, tanto en nosotros como en nuestros alumnos y en nuestro equipo. A estas las llamamos **enemigos del aprendizaje**.

Identifiquemos algunos de ellos.

El miedo: no acepto que no sé, no quiero declararme ignorante. Como me cuesta aceptarlo, no veo lo nuevo como algo nuevo y digo: "eso ya lo sé". Cuántas veces digo "sí, eso ya sé de qué se trata", mientras no tengo idea del tema. Aceptar mi ignorancia puede afectar mi imagen, por eso soy incapaz de aprender. Por ejemplo, la directora me solicita un informe especial respecto de un programa que no manejo. Frente al miedo de demostrar mi ignorancia, no pido ayuda, o declaro que no sé hacerlo. El resultado no es óptimo y, finalmente, la relación con la directora se ve afectada y mi imagen pública también.

La ceguera cognitiva: no sé que no sé. Cuando no conozco algo, actúo de acuerdo con los conceptos que tengo. La frase favorita es: "esto siempre se ha hecho así". Esta es una simple ilusión, en la cual no tengo nada que aprender. Por ejemplo, en la escuela que dirijo, las fiestas anuales siempre se han hecho de determinada manera, yo estoy aquí desde hace muchos años y ya no estoy con ánimo de nuevas experiencias o aprendizajes.

La arrogancia: es querer tener claro todo, todo el tiempo. Solo acepto como válido aquello que sé o que puede ser explicado con los conocimientos que tengo. No acepto otras formas de pensar. Como docente, me aferro a mis creencias y formas de ver las situaciones, sin recordar que la realidad es única pero diversas son las miradas.

La resignación: dado como soy, esto no lo puedo aprender, esto es muy complicado para mí. Las acciones nuevas parecen imposibles, están fuera de mi alcance. Por mi edad, ya es tarde para aprender tecnología.

El orgullo: es no dar permiso para que otro me enseñe. Pensar que el otro no sabe más que yo o no puede ayudarme. Pedir ayuda implica que existe algo que yo no tengo. Esto me expone y me muestra vulnerable.

La impaciencia: no tengo tiempo. Aprender implica invertir esfuerzo para adquirir los conocimientos. En esta nueva era de la gratificación inmediata, este enemigo está muy presente.

La incapacidad para desaprender: persisto en realizar acciones que fueron eficaces, pero ya no lo son. Persisto en trabajar y relacionarme con mis alumnos o docentes de la misma manera que lo hicieron conmigo y no soy capaz de ver que ellos han crecido y viven otro paradigma.

EN SU LIBRO DE BITÁCORA

¿Puede identificar su/s enemigo/s del aprendizaje? ¿Qué necesita soltar para evitarlo/s?

➢ **ACTIVIDAD 4. Los enemigos**

1. Haga un listado de aquellos alumnos/docentes que siente tienen mayor dificultad para aprender.
2. Elija tres de ellos y asígnele a cada nombre un enemigo del aprendizaje que hemos visto.
3. Seleccione solo uno por esta semana e intente trabajar con ese alumno/docente y su dificultad. Por ejemplo: Pedro X – resignación (durante la semana, intentaré fortalecer aquellos aspectos de Pedro con los que él se siente seguro y lo alentaré en aquellas áreas en las que tiene dificultad).
4. Registre las reacciones de X, sus sensaciones y pensamientos durante esta semana en su libro de bitácora.

¿Aprender a aprender? ¿Cómo lo logro?

Dime y lo olvido, enséñame y lo recuerdo, involúcrame y lo aprendo.

Benjamin Franklin

Aprender a aprender significa ser conscientes de cómo aprendemos, es una competencia que, una vez incorporada, nos es de utilidad para toda la vida. Entonces, ¿cómo aprendemos, los seres humanos? ¿Cómo adquieren o adquirimos los conocimientos, nuestros alumnos o nosotros mismos? Varias investigaciones han dado cuenta de que existen diversos estilos de aprendizaje. No es mi intención ahondar en cada uno de ellos; sin embargo, considero importante mencionar algunos, aquellos que, básicamente, favorecerán una destacada relación con nuestros alumnos y, por ende, un mejor clima de aprendizaje.

Piense en estas situaciones:

1. Es la fiesta de la primavera en el Jardín de su hijo. Cada niño deberá llevar un sombrero alusivo. Usted se propone realizarlo.
2. En la escuela, hay un niño que viene en silla de ruedas. Debe organizar una excursión de la que participará su grado.
3. Para el cierre del año le han asignado, junto con la profesora de educación física, la preparación de la coreografía del acto final.
4. Durante la semana entrante, debe calcular los costos del campamento de los alumnos de su grado.

La inteligencia de una persona está conformada por un conjunto de variables tales como la memoria, la capacidad de observación, la atención, las habilidades sociales, entre otras. Ante cada situación que enfrentamos debemos hacer uso de diversas habilidades.

¿Cuáles piensa que necesitaría en las situaciones mencionadas anteriormente? ¿Podría obtener resultados en todas? ¿Con el mismo grado de excelencia?

Seguramente obtendrá resultados en todas. Sin embargo, no con el mismo grado de excelencia, ni con el mismo esfuerzo. El aprendizaje es un proceso activo y la forma de aprender depende también del contexto provisto.

En 1983, el psicólogo estadounidense Howard Gardner identifica ocho formas de inteligencia como contrapartida a la idea de una única inteligencia. Sus conceptos no fueron muy desarrollados en el campo de la psicología, pero fueron recibidos con gran aceptación en el área de la educación.

Gardner y su equipo de la Universidad de Harvard plantearon que la inteligencia académica no es el único factor para describir la inteligencia de una persona. Hoy más que nunca sabemos, como ya hemos dicho, que el éxito de una persona no se mide únicamente por su coeficiente intelectual; entran en juego otras variables, quizás aún más importantes, como las relaciones intra e interpersonales (conocimiento de uno mismo y conocimiento de otros). Así, una persona no posee mayor inteligencia que otra, sino que cada una se encuentra desarrollada de una manera distinta. Por lo tanto, podríamos decir que Mark Zuckerberg no es más inteligente que Lionel Messi. Cada uno posee desarrolladas diferentes habilidades.

Howard Gardner afirma que todos nacemos con estos ocho tipos de inteligencia y que, a lo largo de nuestra vida, vamos desarrollando unos más que otros. Idealmente, debiéramos dominar gran parte de estas distintas inteligencias para ser efectivos más allá de nuestra profesión.

Lo invito a escuchar una entrevista a Howard Gardner en el programa "Redes", en el siguiente link:

https://www.youtube.com/watch?v=5dT2rMoVasdAXk

Con esto en mente podríamos decir que **la inteligencia es una capacidad desarrollable** y que **ser inteligente implica una combinación de diversas competencias y habilidades**.

Por lo tanto, ¿qué podríamos hacer en el aula? La respuesta es: hacer uso de diferentes técnicas, recursos y actividades que fomenten el desarrollo de los ocho tipos de inteligencia, con el propósito de acompañar a nuestros alumnos en este proceso.

En el Anexo encontrará un test de Inteligencias múltiples que puede brindar a sus alumnos, para que tanto usted como ellos sepan cuáles son sus habilidades predominantes.

Con estas respuestas podrá acceder a continuación a una tabla donde se sugieren actividades relacionadas con la inteligencia predominante.

Lingüística	Lógico-matemática	Kinestésica	Visual	Musical	Inter-personal	Intra-personal	Naturalista
Contar historias.	Trabajar con líneas de tiempo.	Utilizar movimiento.	Utilizar mapas, gráficos.	Realizar representaciones musicales.	Realizar proyectos comunitarios.	Trabajar el auto-conocimiento.	Coleccionar y categorizar datos.
Escribir poemas, narraciones, historias.	Transformar historias en problemas con resoluciones.	Realizar coreografías.	Hacer uso de presentaciones.	Hacer uso de canciones.	Realizar reuniones.	Reconocer emociones.	Utilizar implementos de laboratorio.
Realizar grabaciones.	Incorporar juegos con estrategias.	Incentivar el juego.	Diseñar afiches, obras de arte.	Usar tecnología musical.	Enseñar a otros.	Trabajar sobre proyectos y logro de objetivos para la automotivación.	Explicar temas de la naturaleza.
Utilizar la tecnología.	Desarrollar experimentos.	Realizar paseos.	Hacer uso de videos, libros, ilustraciones.		Realizar actividades grupales.		
Incluir debates.							

A modo de ejemplo, Florencia, mi hija mayor, se encuentra enseñando Biología en segundo año de una escuela secundaria. El tema a desarrollar era "Sistema respiratorio". Lo trabajó con sus alumnos haciendo uso del test de Inteligencias múltiples, para luego ofrecerles las siguientes actividades a elección de cada uno y según los resultados obtenidos.

Inteligencias múltiples: "Sistema respiratorio"

A partir de los resultados obtenidos en el test de Inteligencias múltiples, seleccione una actividad con la cual se identifique.

1. **Verbal/Lingüística**: investigue alguna curiosidad acerca del aparato respiratorio o algo que le despierte especial interés dentro de los contenidos abordados respecto de este tema y elabore una presentación oral que dure cinco minutos como máximo (apoye su propuesta con material multimedia).
2. **Lógica/Matemática**: realice un mapa conceptual que englobe **todos** los conceptos/ideas que se hayan visto sobre el aparato respiratorio.
3. **Visual/Espacial**: realice un mural en una cartulina que refleje todos los contenidos examinados sobre este tema.
4. **Corporal/Kinestésica**: cree, con sus manos y con material de "manualidades" (plastilina, madera, arcilla, etc.), una maqueta o un modelo del aparato respiratorio que refleje tanto su anatomía externa como interna, rotulando todas las partes construidas.
5. **Musical/Rítmica**: componga una canción que incluya los órganos del aparato respiratorio y sus funciones.

Puede utilizar la melodía de una canción que ya existe y cambiarle la letra o transformarla en rap.

6. **Intrapersonal**: reflexione sobre la manera en que le gustaría preservar la salud de los órganos del aparato respiratorio, investigue y considere el modo en que influye el tabaco y elabore una lista con cinco hábitos saludables.
7. **Interpersonal**: busque un personaje que haya influido en el conocimiento del aparato respiratorio. Investigue acerca de su vida para escribir una breve biografía y redacte una entrevista, pensando en qué le gustaría que le preguntaran sobre su descubrimiento.
8. **Naturalista**: investigue acerca del sistema respiratorio de otro ser vivo de la naturaleza, puede ser del mundo vegetal o animal y realice una comparación con el sistema respiratorio de los seres humanos.

Las tres etapas del proceso de aprendizaje

1. **Recibimos información de la que seleccionamos una parte.** Esta selección está relacionada con el sistema de representación que utilizamos en PNL, que se conoce como VAK (canal Visual, Auditivo o Kinestésico).
   Haga esta prueba: piense en alguien que conoció recientemente. ¿Qué recuerda de esta persona?
   Normalmente, el estilo predominante en el docente es el que predomina en el aula. Si por ejemplo su estilo es visual, tenderá a realizar presentaciones, a trabajar con gráficos y mapas; pedir reportes, narraciones escritas, etc. Sin embargo, de esta manera solo está enfocado en aquellos alumnos que posean su misma forma de representación.

Es fundamental, por lo tanto, ser consciente de aquello en el momento de presentar el material a utilizar en la clase, las tareas o los trabajos de proyectos a asignar. Después de recibir la misma información, los alumnos no recordarán lo mismo. A algunos les será más fácil recordar lo que se escribió en el pizarrón (visual), a otros lo que dijo el docente (auditivo) y a algunos, la impresión que les causó el tema (kinestésico). En este contexto, debemos organizar el trabajo en el aula para atender a cada uno de ellos. ¿De qué manera? ¿Qué recursos podemos utilizar?

Para el alumno:

Visual	Auditivo	Kinestésico
Escribir en la pizarra lo que se está explicando.	Hacer uso de instrucciones verbales.	Hacer uso de la gestualidad para acompañar instrucciones.
Soporte visual.	Leer el texto con diversas inflexiones.	Leer expresando las emociones.
Acompañar textos con fotos.	Dictar.	Hacer uso de dramatizaciones.

2. **Una vez recibida la información, se la organiza y relaciona.** Aprender no es incorporar datos aislados; es tarea del cerebro aislarlos y relacionarlos. Por ejemplo, cuando se menciona la palabra limón, una sensación y la saliva se disparan en nosotros. La teoría de los dos hemisferios nos ayuda a entender este concepto. El hemisferio lógico procesa la información de manera secuencial y lineal. Piensa en términos de palabras y números. El hemisferio holístico procesa la información de manera global,

a partir del todo para entender las partes. Piensa en imágenes y sentimientos.

Para aprender necesitamos hacer uso de ambos hemisferios aunque, generalmente, uno de ellos se encuentre más desarrollado que el otro. Aquel alumno que posea más desarrollado un hemisferio que el otro podrá:

Hemisferio lógico	Hemisferio holístico
Realizar esquemas, gráficos.	Confeccionar mapas conceptuales.
Explicar paso a paso.	Explicar primero la idea global.
Expresar reglas.	Dar ejemplos.
Explicar los textos a partir de imágenes.	Expresar emociones.
Basar sus opiniones en razonamientos lógicos	
Este alumno comprende conceptos abstractos, absorbe rápidamente los detalles. Trabaja mejor con elementos estructurados. Comprueba los ejercicios y se preocupa por el resultado final. No le gusta equivocarse.	Este alumno visualiza imágenes pero no símbolos abstractos como números y letras. Piensa en imágenes, sonidos, sensaciones. Aprende mejor con actividades abiertas, no estructuradas. Se preocupa por el proceso.

¿Puede identificar cuál es su hemisferio más desarrollado?

3. **Cuando la información está ingresada y clasificada, llega el momento de procesarla.** Es cuando podemos introducir el modelo de Kolb. Este plantea que partimos de una experiencia concreta (por ejemplo, cuando leemos algo) o abstracta (cuando se nos cuenta algo). Para que esto se transforme en conocimiento, debemos reflexionar y pensarlo, o comprobar en forma activa la información, por

ejemplo a través de un juego. Para que el aprendizaje se realice de forma efectiva, se deberá experimentar las cuatro fases del modelo, como se muestra en el gráfico que sigue.

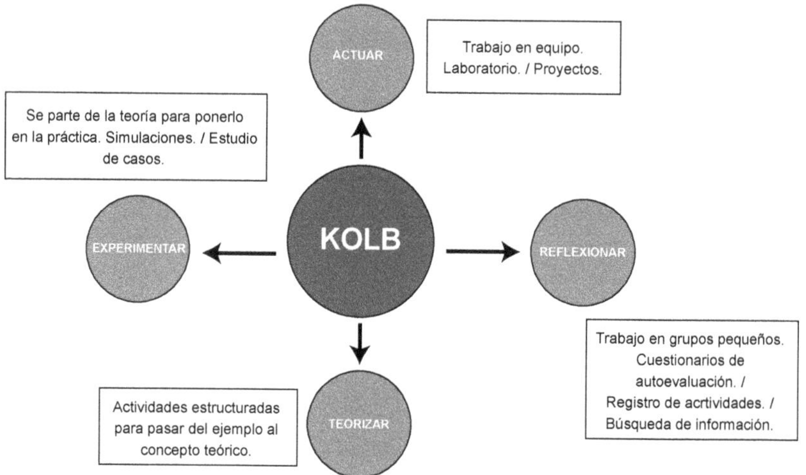

Tomemos un ejemplo. Mónica, docente de inglés, debe enseñar los sustantivos comunes y abstractos.

Utilizando el modelo de Kolb, Mónica parte de la experiencia concreta. Simula que su aula es un supermercado donde se exhiben en el mostrador objetos que podemos contar y otros que no, como por ejemplo manzanas, galletitas, papas, arroz, azúcar, queso, manteca, etc. Desde la experiencia abstracta, presenta el concepto según el cual existen en inglés sustantivos que podemos contar colocándoles un número, tal como una manzana, tres galletitas, y aquellos de los que solo podemos decir que hay mucho, poco, etc. (etapa de **experimentación**). En la etapa de **observación y reflexión**, los alumnos confeccionan en grupos listas de ambos sustantivos. En la etapa de **teorización**, deducen las reglas y corroboran las listas. Ya en la última etapa, la de **actuación**, se genera en el aula un supermercado donde ciertos alumnos compran y otros venden, utilizando los conceptos adquiridos.

➢ **ACTIVIDAD 5. Practicar el aprendizaje**

Elija un tema que tenga que enseñar próximamente. Reflexione sobre su quehacer habitual.

a. Teniendo en cuenta el modelo VAK, normalmente utilizo la forma ....

Para potenciar mi estilo de enseñanza, podría ahora incluir

....

b. ¿De qué manera pasaría el alumno por las cuatro etapas del modelo de Kolb para lograr el aprendizaje? Piense en recursos y estrategias:

....

....

....

....

....

....

....

c. ¿Se anima a desarrollar una propuesta para cada una de las inteligencias múltiples presentes en su aula? Use el ejemplo de Florencia como guía y el cuadro de actividades propuesto. Luego, póngalo en práctica. Dele a sus alumnos el test de Inteligencias múltiples propuesto en el Anexo y ofrézcales el set de actividades para que ellos elijan aquella con la que se sienten más identificados. Luego de realizar esta actividad, escriba sus reflexiones, sensaciones y comentarios en su libro de bitácora.

El aprendizaje es un proceso personal y constructivo que incluye la planificación de objetivos; la gestión de estrategias, recursos y tiempos; la reflexión sobre los procesos y resultados, y, finalmente, la aplicación de lo aprendido a otras situaciones.

Aprender a aprender significa:

1. Conocer los objetivos, contenidos y criterios de evaluación.
2. Hacer uso de los conceptos provistos por las teorías de las Inteligencias múltiples e Inteligencia emocional.
3. Centralizarse en la gestión del aula: mobiliario – ubicación – clima – convivencia.
4. Incentivar el aprendizaje colaborativo y la enseñanza recíproca.

Conocer los objetivos

En *Alicia en el País de las Maravillas*, de Lewis Carroll, Alicia está perdida. Le pide ayuda al Gato de Cheshire diciendo: "Gatito estoy perdida. ¿Qué dirección debería tomar?". "Eso depende de adónde quieras ir." "No sé muy bien a dónde quiero ir", responde Alicia. "Entonces, no importa qué dirección tomes", contesta el Gato, sabiamente.

Si no planteamos objetivos claros, tanto para nuestra tarea como docentes como para nuestro equipo de alumnos o de docentes, difícilmente llegaremos a algún puerto.

Sin una meta que alcanzar, todos los caminos que tomemos serán iguales, reaccionaremos a diario ante las diversas situaciones que se plantean en lugar de comprometernos con una visión que nos lleve a lograr lo que deseamos ser y hacer cada día.

No tener una visión de futuro es no tener una dirección,
un propósito, un objetivo propio.
Es dejarse llevar por la deriva de la vida sin un destino personal.
Es "ser vivido" por los valores, ideas y propósitos de los demás,
en vez de vivir los propios.

Fred Kofman, *Metamanagement* (Tomo 1)

En el aula, los objetivos no deben consistir solamente en alcanzar los núcleos pedagógicos, sino ir más allá. Estos objetivos son personales y tienen en cuenta el contexto y el grupo. Pero también se trabaja en equipo para delinear los objetivos grupales, ya que todo equipo eleva su motivación cuando se lo involucra e invita a participar sin imponer acciones o reglas desde afuera.

Invertir tiempo, espacio y escucha en este momento permite proyectar un año de crecimiento y aprendizaje compartido.

Durante la primera semana de clase

Antes de comenzar a trabajar los contenidos del curso, debemos examinar los procesos que nos llevarán a obtenerlos y a asimilarlos.

R = R

¡Poderosa ecuación si las hay! La calidad de nuestras relaciones es proporcional a la de los resultados que obtenemos. Si generamos relaciones frágiles, pobres, faltas de confianza, con una emocionalidad anclada en el miedo, produciremos el mismo tipo de resultados en los objetivos que nos planteemos.

Para obtener R = R, debemos comenzar a crear, a construir esas relaciones desde el primer día. Aquí no estamos hablando de presentarse y dar las pautas de convivencia en el aula, hablamos de sentar bases sólidas para que nuestro equipo docente o grupo de alumnos se sientan en un **contexto seguro, coherente y comprometido**. Jim Selman propone que nuestros compromisos únicamente pueden ser realizados a través de la relación con otros.

De este modo podemos poner en práctica herramientas de coaching de equipos que se centran en una metodología experiencial e incorporan principios del aprendizaje colaborativo.

Lo invito entonces a:

1. Definir la tarea primaria con sus alumnos/equipo.
2. Acordar el conjunto de reglas, normas y actitudes.
3. Delinear los objetivos.

Definir la tarea primaria

¿Cuál es la razón de ser de este equipo? Si soy maestra de Lengua en cuarto grado, definiremos qué es aprender una lengua en cuarto grado: qué implica, qué competencias tengo que adquirir, qué esperan de mí los alumnos en cuanto a contenidos y enseñanza. Si soy directora de un nivel, conversaremos con mi equipo docente acerca de los objetivos perseguidos para ese año por ejemplo.

Hace un tiempo, una mamá contaba que su hija de 8 años se había golpeado en el colegio y no le había comentado nada al salir ese día, la niña sabía que había estado corriendo y jugando en forma brusca. Más tarde, comenzó a sentir fuertes dolores en el estómago. Al preguntarle su mamá, ella le contó lo que había sucedido. Afortunadamente, el dolor no estaba relacionado con el golpe. Sin embargo, la mamá le dijo a su hija que ella siempre debía contarle todo lo sucedido a sus padres, porque ella era lo más importante que tenían y era su tarea principal cuidarla y amarla.

Recordemos lo que vimos anteriormente. Si le pregunto cuál es SU tarea primaria como docente, ¿cuál será su respuesta? (hacer que los alumnos aprendan). ¿Y como directivo?

EN SU LIBRO DE BITÁCORA

¿Cuál es su tarea primaria en el rol que cumple actualmente?

¿Cómo está contribuyendo para fomentar esa tarea?

Acordar el conjunto de acuerdos, normas y actitudes

¿Cuáles son las normas que van a regir cuando estemos juntos como grupo? ¿Qué comportamientos son esperables?

El compromiso es mayor cuando se les permite a los involucrados participar de la elaboración de estos acuerdos. Para eso se trabaja en grupo, evaluando cuáles son las normas que vamos a establecer en pos de lograr los objetivos. Luego, el docente-directivo incluye las propias. Una vez finalizado este paso, es importante formalizarlo en un compromiso verbal o firmado y mantenerlo presente colocándolo a la vista de todos.

Importante: debemos explicitar la diferencia entre norma y acuerdo. Una norma es algo preestablecido por un ente superior que debe aceptarse como tal. Por ejemplo, la norma en este colegio es que los docentes usen delantal blanco. Un acuerdo es un trabajo en conjunto sobre ideas y consensos para poner en práctica una acción. Por ejemplo, realizar un acuerdo sobre la vestimenta a utilizar en la fiesta de educación física de la institución.

- **ACTIVIDAD 6. Acuerdo del aula-equipo o Carta manifiesto**

1. Conversar en equipo sobre qué se espera de mí este año y qué espera cada uno del otro.
2. Volcarlo en una cartulina, confeccionar una copia para enviar a los padres o realizar un plóter para la sala de profesores.
3. Es importante que cada actor del acuerdo pueda firmar, colocar sus manos, su pulgar o su nombre para formalizar un compromiso.
4. Disparadores:
   - En esta clase/este equipo queremos sentirnos ....
   - Para eso debemos ....
   - En esta clase/este equipo tenemos los siguientes derechos ....
   - Y las siguientes responsabilidades ....

Delinear los objetivos

Ya hemos conversado acerca de la importancia de establecer las metas personales y del equipo para poder saber qué caminos tomar, con qué recursos cuento y qué debo incorporar para lograrlo.

En la Parada 7. Paso-a-paso en el aula, Fase 3, encontrará en detalle cómo desarrollar objetivos GROW (objetivos que sean realistas, medibles y con los actores y el tiempo involucrado) con la Técnica SMART (técnica que nos permite delinear metas concretas con indicadores que impactarán en nuestro quehacer diario).

Parada 3. ¿Con qué lentes veo el mundo?

Tanto si crees que puedes como si crees que no puedes, estás en lo cierto.

Henry Ford

El psicólogo norteamericano Robert Rosenthal había dedicado la mayor parte de su obra a investigar cómo las expectativas que tienen las personas influyen en los resultados. Una educadora y directora de una escuela de California, Lenore Jacobson, le ofreció colaborar con ella para tratar de descubrir cómo las expectativas que tienen los docentes hacia sus alumnos podían influir en los resultados académicos de estos.

Juntaron 300 alumnos de diversos niveles de la escuela de Jacobson a quienes les hicieron pasar un test de inteligencia. Una vez que observaron que no había grandes diferencias entre ellos, seleccionaron a 65 jóvenes al azar sobre quienes escribieron informes falsos que entregaron a sus profesores, donde se decía que habían obtenido un resultado extraordinario, por encima de la media, y que se podía esperar mucho más de estos alumnos. Del resto de los alumnos no se hizo mención alguna.

Al finalizar el curso, se volvió a realizar la prueba de inteligencia a todos los alumnos. Los resultados fueron sorprendentes. Aquellos estudiantes cuyos informes falsos habían sido catalogados como superiores habían efectivamente incrementado los resultados, mostrando un coeficiente intelectual mayor al de sus compañeros. ¿Qué sucedió ese año? Las expectativas que sus docentes tenían sobre ellos, finalmente, terminaron dando el resultado esperado. ¿Por qué? Simplemente porque sus docentes, inconscientemente, desarrollaron un trato diferente hacia ellos ya que les sonreían más, mantenían el contacto ocular por más tiempo, sus elogios eran más claros y manifestaban mayor tolerancia a sus errores.

A este experimento se lo denominó Efecto Pigmalión, en referencia al escultor que modeló una estatua de marfil tan bella que se enamoró perdidamente de ella, hasta el punto de rogar a los dioses que le dieran vida para finalmente casarse con ella. La expectativa cargada de deseo se hizo realidad.

EN SU LIBRO DE BITÁCORA

1. Al inicio de un curso, ¿cuáles son sus expectativas? ¿Ha recibido información de otros colegas y siente que esta puede afectar los resultados deseados?
2. Piense en alguna situación en particular en la que sus expectativas acompañaron o desalentaron a un alumno/docente/hijo/hermano/pareja. ¿Qué sucedió? ¿Qué hizo para que esto fuese así? ¿Qué hubiese hecho de manera diferente?

Efecto Pigmalión: creencias - *feedback* - resultados

Los resultados que obtenemos en nuestro accionar diario están básicamente sustentados por nuestras **creencias.**

Pero, ¿qué son las creencias? Son supuestos, ideas, historias firmemente arraigadas en nosotros que determinan modos de ver al mundo de actuar en él. Son los **lentes** que tenemos para mirar la realidad.

¿Cómo se conforman esas creencias o esos modelos mentales? Se van construyendo sobre la base de los distintos contextos que nos envuelven: nuestra biología, el lugar donde nacimos y crecimos, dónde fuimos educados, nuestra familia, nuestro entorno, nuestra ciudad, nuestras experiencias pasadas, y también la percepción de lo que los demás piensan y nos dicen de nosotros mismos. Jean-Paul Sartre decía que el yo se constituía desde la mirada del otro y Jorge Luis Borges sostenía que todos nos parecemos a la imagen que los otros tienen de nosotros.

Por lo tanto, una creencia es una afirmación personal que consideramos verdadera y a partir de la cual nos relacionamos con nuestro entorno y con el mundo.

Ahora bien, ¿para qué nos sirve reconocer nuestras creencias? Para poder entender cuáles de ellas nos sirven como recursos y cuáles nos limitan.

Limito mi poder de acción y de desarrollo si yo me digo:

No puedo.
No soy capaz.
No soy creativo.
No soy bueno en...
No sé hacerlo.
Tengo miedo a...

A diferencia de:

Voy a intentarlo.
Con esfuerzo lo lograré.
Aprenderé para saber hacerlo.
No es fácil pero lo lograré.
Tengo los recursos para...
Pediré ayuda para lograrlo.

EN SU LIBRO DE BITÁCORA

Reflexione sobre estas creencias:

- Si les demuestro mis emociones voy a perder autoridad.
- El docente es el pilar fundamental en el proceso de aprendizaje.
- El error debe ser castigado.

¿Qué posibilidades de resultado le proponen?

➢ **ACTIVIDAD 7. Mis creencias**

a. Piense en tres creencias que posee. Pueden ser de su ámbito laboral o personal.

   1. ....

   2. ....

   3. ....

b. Relea las oraciones y reflexione acerca de si estas creencias le están abriendo o cerrando posibilidades, a usted o a sus alumnos-equipo-entorno.

c. Si ha encontrado una creencia limitante, lo invito a completar este cuadro:

Creencia:		
En qué lo perjudica.	En qué lo beneficia.	Cómo sería su vida sin esta creencia.

Diagnóstico: para estar en condiciones de establecer objetivos, debemos ante todo saber dónde estamos. Lo invito a realizar esta actividad, que le permitirá traer a la conciencia su mirada sobre el grupo de alumnos que dirige.

➢ ACTIVIDAD 8. Mirar al grupo

Vamos a trabajar con los tres conceptos siguientes.

- **Descubrir** que dedicamos mucho más tiempo y atención a unos estudiantes que a otros (y que, precisamente, estos privilegiados son los que más se parecen a nosotros) y que somos democráticos solo de la boca para afuera, ya que en el aula decimos y pensamos: "aquí, se hace lo que yo digo".
- **Analizar** qué hemos descubierto en forma previa.
- **Transformar** significa repensar y ser flexibles, lo que permite hacer algo con respecto a lo que hemos descubierto y analizado.

¡A trabajar!

1. Haga una lista de los nombres que recuerda entre sus alumnos.
2. Chequéela con la lista real.
3. Pregúntese: ¿qué puedo observar?

La próxima vez que tenga clase, intente memorizar aquellos de los que se olvidó haciendo un pequeño retrato de ellos.

Intente trabajar de la misma manera con: los estudiantes que le gustan, los que no le gustan, aquellos que ni siquiera ve.

Adaptado del libro: *rEDUvolution*, de María Acaso[6].

El docente-coach realiza, en primer lugar, un diagnóstico de la situación actual del alumno o del grupo, por medio de herramientas que le permiten observar las creencias potenciadoras o limitantes y los espacios de mejora. Es el punto de partida para, luego, iniciar el camino.

Una herramienta que nos brinda una fotografía de la situación actual es la **Rueda de la educación**, que acompaña al alumno en el proceso de autoconocerse y de definir ob-

6 Acaso, María: *rEDUvolution*. Paidós Ibérica, Barcelona, 2013

jetivos para generar estos espacios de mejora. Decimos que es una herramienta de evaluación, ya que se asigna un valor a las diferentes áreas planteadas.

Miremos este ejemplo de un Jardín de la ciudad de La Plata donde los pequeños trabajaron con la Rueda.

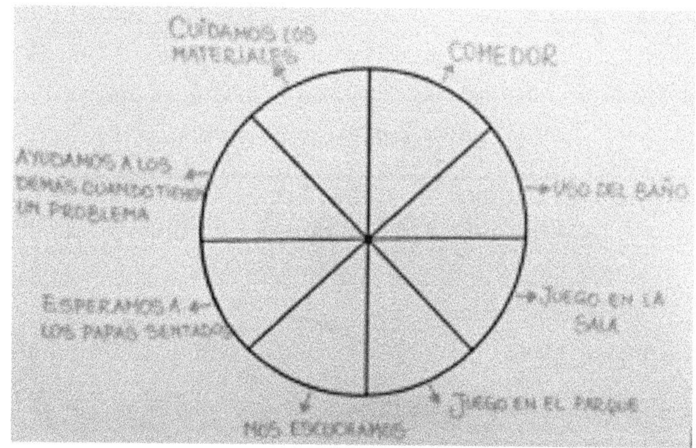

Jardín Club Estudiantes de La Plata, Sala 5 años. Docente: Andrea.

REFERENCIAS

• Tenemos que mejorar (rojo) / • Bien (azul) / • Muy bien (verde)

Extraído de www.educacion.3.0.com

El docente-coach reflexionó de la siguiente manera:

Docente: ¿Qué podemos ver en el cuadro que obtuvimos?
Alumno 1: ¡Hay mucho en verde, que hacemos bien!
Alumno 2: Están los colores de cómo nos portamos o qué hicimos.
Alumno 3: Hay también azul y un poquito de rojo.
Alumno 4: Cuando hicimos el otro había mucho más rojo.
Docente: ¡Hemos mejorado mucho! ¿Les gustaría seguir cambiando y que no tuviéramos más rojo y sí más verde?
Alumno 3: ¡Sí! ¡A mí me gustaría que estuviera todo verde!
Docente: ¿Y qué piensan que deberíamos hacer para lograr todo verde?
Alumno 5: Y... tenemos que portarno bien.
Docente: ¡Bien! Y con el rojo, ¿qué nos pasa?
Alumno 6: Dice que no nos escuchamos.
Docente: ¿Qué tendríamos que hacer para escucharnos?
Alumno 3: ¡Podemos por ejemplo no hablar todos juntos!
Alumno 1: O escuchar a la seño cuando habla y no estar hablando con el amigo.
Docente: ¡Genial! Entonces, ¿a qué nos comprometemos este mes?
Todos: ¡A escucharnos, no hablando unos sobre otros!
Alumno 4: Y a no gritar.

➢ **ACTIVIDAD 9. La Rueda de la vida escolar**

Lo invito a realizar esta actividad con su grupo de alumnos-docentes.

Colocar en la columna derecha una puntuación de 0 a 10 (siendo 0: estoy insatisfecho, y 10: estoy altamente satisfecho).

Conteste las preguntas con sinceridad.

Área	**Puntuación**
Mi yo	
1. Estoy satisfecho con la formación que tengo.	
2. Voy a gusto al colegio, porque deseo aprender más cosas.	
3. Tengo habilidad suficiente para estudiar solo.	
4. Considero que dedico suficiente esfuerzo a las cosas que hago.	
5. Estoy satisfecho con la vida que tengo.	
Mis estudios	
1. Me siento satisfecho con los resultados de mis estudios.	
2. Me siento respetado y satisfecho con mis profesores.	
3. Cuando trabajo en grupo, siento que conformo un buen equipo, respetando al otro y aportando valor al grupo.	
4. Me siento como una parte importante de mi clase, valorado y respetado por mis compañeros.	
5. Los resultados que obtengo son proporcionales al esfuerzo que hago.	
Mis amigos - mi familia	
1. Me siento satisfecho con la relación que tengo con mis amigos, puedo contar con ellos, me apoyan.	
2. Tengo una buena comunicación con mis padres.	
3. Suelo adaptarme fácilmente a los grupos nuevos.	
4. Mantengo una relación afectuosa con mis hermanos.	
5. Necesito tener más gente a mi alrededor.	
Mi tiempo libre	
1. Siento que aprovecho mi tiempo libre.	
2. Me divierto en mi tiempo libre tratando de buscar actividades que me gusten.	
3. Valoro el tiempo libre que paso con amigos y familiares.	
4. Mi tiempo libre, lo dedico a leer, mirar televisión, ir al cine.	
5. Mi tiempo libre, lo dedico a practicar algún deporte.	
Mi cuerpo	
1. Me siento conforme con mi cuerpo.	
2. Tengo alguna enfermedad que altera mi estado físico (si no tiene, puntúe diez).	

Área	Puntuación
3. Cuido de mi cuerpo, me alimento en forma sana, duermo 7-8 horas por día, practico algún deporte.	
4. Cuando me siento desanimado, hago algo para recuperar mi estado anterior.	
5. Mi aspecto personal es de cuidado y limpieza.	
Mis emociones	
1. Puedo reconocer mis emociones.	
2. Puedo controlar mis estados de ira o enojo.	
3. Me siento querido y valorado.	
4. Puedo expresar mi afectividad hacia los demás.	
5. Estoy satisfecho con las relaciones y la comunicación que mantengo con mis afectos	
Mis bienes	
1. Estoy conforme con los bienes materiales que poseo.	
2. Siento que hay cosas que no puedo tener y me enojo por eso.	
3. Soy ahorrativo.	
4. Pienso que tener mayores bienes materiales me hace una persona importante.	
5. Busco obtener bienes por mis propios medios.	
Mi entorno	
1. Me gusta el barrio en el que vivo.	
2. Siento a mi casa como un lugar seguro y cómodo para vivir.	
3. Me siento feliz con quienes vivo en mi casa.	
4. Colaboro con las tareas del hogar.	
5. Me siento seguro y cómodo en mi escuela.	

A continuación, la nota media de cada área se coloca en la rueda y se colorea para obtener los resultados de cada área.

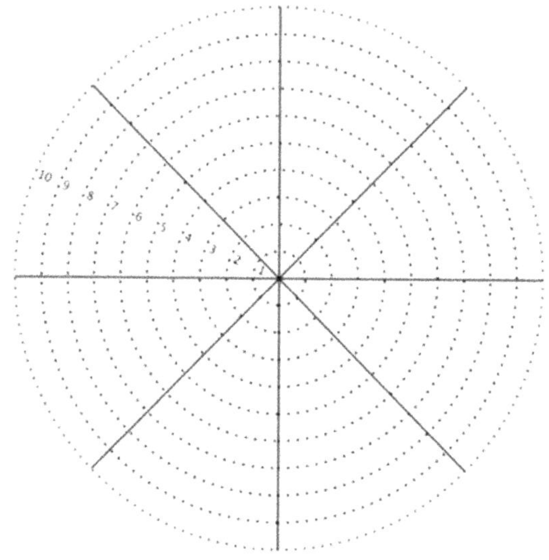

De la misma manera que una rueda solo puede girar armoniosamente si tiene una forma regular, nuestra vida puede fluir y estar más equilibrada cuando logramos trabajar con aquellas áreas en las que detectamos mayores deficiencias.

Una vez realizada la Rueda, podemos reflexionar con nuestros alumnos respecto de lo que han descubierto y sobre qué aspectos deben trabajar, y si se comprometen a hacerlo.

Cuento anónimo

Había una madre que cuando cocinaba el peceto le cortaba las puntas.

Un día, su hija le pregunta por qué corta así el peceto y la madre le dice:

—Pero hija, ¿no sabes? Al peceto se le cortan las puntas para que salga mejor: mi madre lo hacía así, mi abuela también, viene de generaciones, se hace así.

La hija, no conforme con la explicación, llama a la abuela y le pregunta si es cierto que para que el peceto salga más rico hay que cortarle las puntas; a lo que la abuela contesta que así lo hace su madre y que le preguntará. Ella lo hace y la tatarabuela, luego de la pregunta, larga una carcajada y le dice:

—Pero querida, cuando yo llegué de Italia, la única fuente que tenía era bastante pequeña, por lo que el peceto solo entraba en ella si le cortaba las puntas...

¿Cuál es la creencia limitante que hoy no está pudiendo ver?

Las creencias que tenemos de nosotros mismos y de los demás, así como el Efecto Pigmalión, están íntimamente relacionados con lo que Carol Dweck denomina hoy mentalidad de crecimiento.

Blackwell, Trzesniewski y Dweck[7] analizaron durante cinco años seguidos a alumnos de séptimo grado en la asignatura de matemáticas. En un principio, a través de una serie de tests, evaluaron su mentalidad, a la que denominaron fija o de crecimiento. Para Dweck, aquel que posee una mentalidad fija ve a la inteligencia como algo dado, siendo esta un rasgo de nacimiento o de personalidad, con la consecuente frustración respecto de los errores, el desgano frente al desafío y más proclividad a realizar trampas para obtener el resultado deseado.[8]

Por el contrario, aquellos que poseen una mentalidad de crecimiento observan a la inteligencia como algo maleable, que puede desarrollarse a través de la persistencia y el esfuerzo, centrándose en los objetivos y el proceso de aprendizaje, siendo más resilientes frente a las adversidades y aceptando nuevos desafíos.

Más adelante, trabajaron con 99 alumnos del mismo nivel educativo, pero con bajo nivel académico, para evaluar

7 Blackwell, L.; Trzesniewski, K. y Dweck, C.: "Teachers' and Teacher Students' Conceptions of Learning and Creativity", *Scientific Research. Creative Education,* 2007.

8 Dweck, Carol: *Mindset, la actitud del éxito.* Sirio, Málaga, 2016.

cómo les afecta la intervención de un docente que posee y promueve una mentalidad de crecimiento. Los resultados fueron sorprendentes, demostrando un mayor incremento en los resultados académicos.

Cuando, como docente, sostengo y promuevo una mentalidad de crecimiento, desestimo las famosas "etiquetas" y aliento el desarrollo de otro ser humano. ¿Cómo lo hago?

Benjamin Zander es el brillante director de la Orquesta Filarmónica de Boston pero, además, es un educador e inspirador que mira a sus alumnos con "ojos brillantes". El primer día de clase, Zander les anuncia a sus alumnos: "ustedes tienen un 10 en mi asignatura. Ahora, van a ir a casa y van a redactar una carta donde contarán qué clase de persona son cuando son sobresalientes, cómo son y qué van a hacer el resto del año para ser esa persona".

¿Cómo seríamos como docentes-directivos si viésemos a los otros con infinidad de posibilidades para crecer, equivocarse y aprender?

Caja de herramientas

Lo invito a indagar en esta caja de herramientas para ayudar a sus alumnos a desarrollar una mentalidad de crecimiento.

Desde el lenguaje

Ya hemos conversado acerca de nuestro ser lingüístico y la importancia del lenguaje en la generación del ser. Analicemos las respuestas a los ejemplos propuestos.

Ejemplos

Creencias	Preguntas que desafían y fomentan una mentalidad de crecimiento
A: No soy capaz de hacer esto	¿Qué te haría falta para hacerlo?
A: El inglés es difícil	¿Para quién es difícil?
A: Nunca tengo buenas notas	¿Nunca?
A: No me gustan las matemáticas	¿Quieres decir que no te gusta estudiar matemáticas o saber matemáticas?
A: Soy muy malo en Lengua	Porque todavía no has desarrollado buenas estrategias de aprendizaje
A: Tengo muchos errores	Es cierto, cuando uno comete errores es porque está aprendiendo

Estas son algunas de las preguntas o los cuestionamientos que como docente-coach podemos hacer a nuestros alumnos para acompañarlos en el desarrollo de una mentalidad de crecimiento.

Y, lo más importante, introduzcan en su vocabulario cotidiano con sus alumnos esta palabra: **¡todavía!**

Otras herramientas

Se trata de actividades que puede realizar en clase para desarrollar una mentalidad de crecimiento.

"Con-juntos"

Objetivo: observar las fortalezas de uno mismo y de otros, desarrollando una imagen positiva.

Desarrollo: comentar a los alumnos que todos tenemos áreas en las que nos destacamos y otras donde nos cuesta más desarrollarnos. Cuando nos comparamos con otro, generalmente lo hacemos desde la escasez, es decir, lo que el otro tiene y yo no. Sin embargo, quizás tu amigo/a sea bueno/a practicando un deporte y tú eres bueno/a en matemáticas.

Dibuja dos círculos con una intersección.

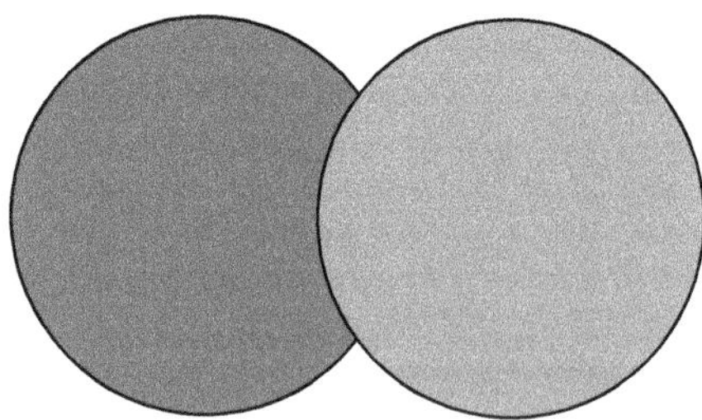

Ahora, piensa en todos los aspectos positivos y aquellos a mejorar que tienen tú y tu amigo/a. Escríbelos dentro de dos círculos. En la intersección, escribe los aspectos que tienen en común.

La línea de tiempo

Objetivo: visualizar y conectar fortalezas con logros.

Desarrollo: ofrecerles el siguiente esquema a los alumnos.

Pasado	Presente	Futuro
	Fortalezas	
	Logros	

Ejemplo:

- Habilidad física
- Ganadora de competencia de natación

Invite a sus alumnos a describir diferentes logros alcanzados a lo largo de su vida y qué habilidades o fortalezas pusieron en práctica para obtener resultados.

Mensajes apreciativos

Objetivo: a través de la gratitud, fomentar un clima de bienestar emocional.

Desarrollo: tener en el aula una caja decorada que podemos denominar Buzón de la alegría. Cada uno de los alumnos escribirá algún mensaje positivo o alguna nota de agradecimiento a otro alumno de la clase que dejará en el buzón.

Ejemplo:

Gracias XXX por prestarme el mapa para geografía. Gracias YYY por dejarme jugar con la soga en el recreo. Me siento contento contigo ZZZ, porque estás trabajando con atención en clase.

Los mensajes serán de los compañeros y del docente, y se leerán una vez por semana en alguna asamblea que podemos llamar Mimos para mí. El docente deberá chequear previamente que todos los alumnos reciban por lo menos una nota de agradecimiento o reconocimiento.

Nota:

Es muy efectivo también para equipos de trabajo realizar esta actividad en sala de docentes. Por ejemplo, disponer de una caja de agradecimientos y un taco de papel para que cada uno pueda expresar su gratitud. Gracias XXX por prepararme el café ayer por la mañana; Gracias YYY por tomar mi clase cuando estuve en la entrevista con un padre.

El regalo de Merlín

Objetivo: reflexionar acerca de cómo somos y autovalorarnos.

Desarrollo: contar el cuento o ver la película *Merlín el Encantador.* Otro día, se les presenta esta actividad para que descubran cuántas personas los quieren y a cuántas quieren ellos, lo que saben hacer y lo que son capaces de aprender.

En un cofre, se encuentra un pergamino dejado por el mago Merlín. El mensaje dice: "Escuchadme bien, soy Merlín, el mago del cuento. Mi primer alumno fue Ricardo, un niño que creyó en mí y llegó a ser rey de Inglaterra. Ustedes son mis alumnos preferidos, si creen en mí. Quiero contarles un secreto: les he hecho un regalo mágico a cada uno. ¿Quieren descubrir cuál es? Está dentro de ustedes mismos. Si siguen las instrucciones lo encontrarán y, una vez que lo hayan descubierto, su maestro/a les mostrará algo muy especial, una joya muy preciada que dejé para ustedes, su tesoro".

Se agrupa a los niños de a cuatro en forma aleatoria. A cada equipo se le entrega cuatro bloques de plastilina de colores: rojo, verde, azul y amarillo. Cada niño tendrá una cajita que habrá traído de su casa.

El maestro les cuenta a los niños lo que dice Merlín: una parte del tesoro la forman las personas que nos cuidan y nos quieren mucho. Hagamos una bolita por cada una de ellas.

Merlín dice que la otra parte la forman las cosas que disfruto, que tengo y que me gustan. Hacemos una bolita de color rojo por cada una y las colocamos en la caja.

También nos dice que hay cosas que sé hacer muy bien. Hacemos una bolita de color verde y la colocamos en la caja.

Por último, hay cosas que estoy aprendiendo a hacer. Hacemos una bolita amarilla por cada una de ellas.

Al finalizar, cada uno muestra su cajita al resto. El docente los invita a mirar secretamente dentro de la caja que Merlín tiene preparada para ellos. Consiste en una caja con un espejo y el siguiente mensaje:

> "Espero que hayas descubierto muchas joyas y piedras preciosas en tu tesoro. La más bonita, sin duda, es la última: ¡tú mismo!"

Por último, cada niño puede hacer un dibujo de su tesoro.

Variante para niños más grandes: en lugar de hacer bolitas de plastilina, podemos escribir en papeles tipo Post-it.

Cuento popular. El niño que pudo hacerlo

> Dos niños llevaban toda la mañana patinando sobre un lago helado cuando, de pronto, el hielo se rompió y uno de ellos cayó al agua. La corriente interna lo desplazó unos metros por debajo de la parte helada, por lo que, para salvarlo, la única opción era romper la capa que lo cubría.

Su amigo comenzó a gritar pidiendo ayuda. Al ver que nadie acudía, buscó rápidamente una piedra y comenzó a golpear el hielo con todas sus fuerzas.

Golpeó, golpeó y golpeó hasta que consiguió abrir una grieta por la que metió el brazo para agarrar a su compañero y salvarlo.

A los pocos minutos, avisados por los vecinos que habían oído los gritos de socorro, llegaron los bomberos.

Cuando les contaron lo ocurrido, no paraban de preguntarse cómo aquel niño tan pequeño había sido capaz de romper una capa de hielo tan gruesa.

—Es imposible que con esas manos lo haya logrado, es imposible, no tiene la fuerza suficiente. ¿Cómo ha podido conseguirlo? –comentaban entre ellos.

Un anciano que pasaba por los alrededores, al escuchar la conversación, se acercó a los bomberos.

—Yo sí sé cómo lo hizo –dijo.

—¿Cómo? –respondieron, sorprendidos.

—No había nadie a su alrededor para decirle que no podía hacerlo.

Parada 4. Redes de comunicación

El lenguaje genera realidad.

Rafael Echeverría

El lenguaje es acción, genera permanentemente nuevas realidades. Los seres humanos vivimos en mundos lingüísticos y creamos el mundo con nuestras interpretaciones y relatos y con la capacidad que nos proporciona el lenguaje de coordinar acciones con otro.

Rafael Echeverría
Ontología del lenguaje[9]

¿Cuál es la actividad que practicamos con mayor frecuencia? ¡Conversar! Vivimos en un mundo de comunicación, tanto a nivel oral como escrito, verbal y no verbal. Vivimos en una red de conversaciones. La comunicación es inherente al ser humano y nos permite, como tales, describir el mundo que nos rodea e interactuar con él. Es una habilidad que recibimos al nacer y vamos desarrollando a medida que nos llenamos de experiencias.

Esta comunicación es tridimensional. Hablamos con nosotros mismos (de ahí la importancia de revisar cuáles

9 Rafael Echeverría: *Ontología del lenguaje*. Granica, 2018.

son las creencias que nos limitan y desarrollar una mentalidad de crecimiento); con otros, siempre poniendo énfasis en la importancia del poder de mi lenguaje sobre otro, y con algo superior. La comunicación es clave en nuestras vidas: ¡el 100% de los problemas de las personas resulta de un teléfono descompuesto!

¿Y por qué conversamos?

- Porque queremos entablar una relación con otro.
- Porque debemos coordinar acciones con otro.
- Porque deseamos transmitir información.
- Porque queremos realizar un pedido.

Y en la conversación siempre hay, mínimamente, dos personas involucradas. Entonces, ¿por qué es importante aprender y desarrollar habilidades para comunicarnos?

Ya hemos mencionado que la calidad de mis conversaciones impacta en la calidad de las relaciones que genere con otro y esto estará íntimamente relacionado con los resultados que obtenga.

Tradicionalmente, enseñamos que la comunicación tiene dos actores –un emisor y un receptor–, un canal y un mensaje a transmitir. En la actualidad sabemos que comunicarnos es mucho más que eso. La comunicación es acción y, en ese mensaje que se transmite y que el otro recibe, la escucha ocupa un lugar trascendental, transformándose en una escucha activa. ¿Por qué decimos esto?

Comunicación es acción común. En la comunicación, utilizamos herramientas que nos permiten conectarnos y, así, generar los resultados deseados.

¿Qué recursos podemos utilizar para mejorar nuestra comunicación?

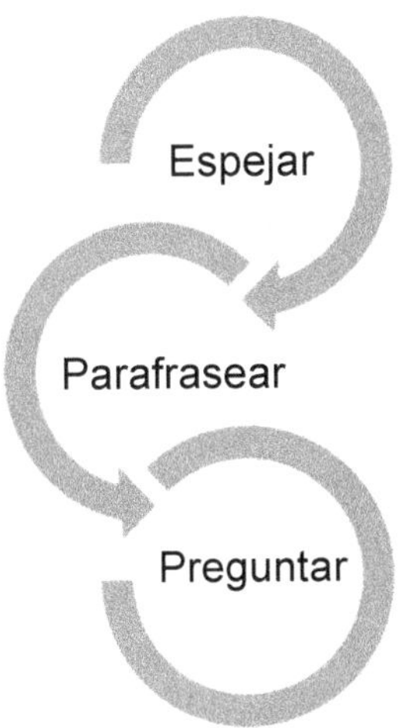

1. Espejar es reflejar, o reproducir, como un espejo; es la capacidad de escuchar con todo el cuerpo, compenetrándonos en el cuerpo del otro, en su emocionalidad. Es fundamental, como docentes, que nos acerquemos a nuestros alumnos acompasándolos para poder conectarnos. Para esto, muchas veces debemos ajustar nuestro lenguaje verbal y no verbal, nuestra postura para relacionarnos con ellos.

¿Cómo podemos hacerlo?

Un alumno se encuentra abatido, triste porque algo le salió mal o no puede lograr el resultado deseado. Espejar, o entrar en *rapport* (PNL), es recoger esa tristeza y este abatimiento y acompañar al alumno a salir de ese estado emocional hacia otro más constructivo.

Aquí les ofrezco este ejemplo:

Docente: ¿Qué pasa, Carla?
Alumna: Nada, es que esto no me sale (voz en tono bajo, entrecortada, cabeza baja, espalda encorvada).
Docente: (espejar la corporalidad y el tono de voz del alumno, discretamente, bajando un poco el tono de voz y poniéndose a su altura). A ver... Veamos qué podemos hacer, a ver si somos capaces de encontrar una solución juntos (subir un poco el tono de voz, erguir el cuerpo, sonreír).
Alumna: No sé, acá este ejercicio me da con un resultado negativo y no debe ser así.
Docente: Bueno, ahí ya tenemos una pista de que entiendes que algo no debe ser así... ¿Qué piensas que puede estar mal? (tono de voz seguro, cuerpo erguido, brindando seguridad). Vayamos por ahí...

2. Parafrasear es lo que hago cuando utilizo palabras diferentes para hacer algo más inteligible. Es la capacidad de comunicarme con el otro intentado captar lo que quiere decir y lo que no quiere decir porque **uno dice lo que dice y el otro escucha lo que escucha.**

Esta herramienta es beneficiosa para ser utilizada cuando tenemos una reunión con padres, para lograr comprender y evitar interpretaciones de diversas situaciones propuestas.

Ejemplo:

Padre: Juan es muy buen chico, pero él viene triste a casa, todos los días. No quiere volver a la escuela, dice que sus compañeros lo tratan mal y siento que ustedes no están haciendo nada para evitar esta situación... Creo que usted no ve nada de lo que pasa en el aula. Creemos que nuestro hijo está sufriendo *bullying* por parte de sus compañeros y queremos que la escuela intervenga en forma urgente.
Docente: Bien, déjeme entender bien la situación. Juan siente que sus compañeros no lo integran, que se ríen de él, le dicen cosas

desagradables y que yo, siendo su docente, no reacciono, o que tanto la institución como yo no estamos al tanto de esta situación que está atravesando Juan. ¿Es esto así? (en este parafraseo, estoy **chequeando mi escucha**, punto fundamental en toda comunicación para ver si lo que el otro me dice es como yo lo interpreto).

3. Preguntar está íntimamente ligado al parafraseo. Para un docente es tan importante saber escuchar como saber preguntar. Pregunto para conocer al otro o más de lo que el otro me dice y escucho para entender y preguntar de nuevo.

En el ejemplo anterior, antes del chequeo, un docente-coach haría la siguiente pregunta: "cuando dicen que **a Juan lo tratan mal**, ¿a qué se están refiriendo? ¿Qué tipo de trato recibe Juan? ¿Podrían darme algunos ejemplos concretos de situaciones?". Luego de esas preguntas podríamos chequear la escucha.

Es una de las herramientas más poderosas que poseemos para acompañar la reflexión y la construcción de otro. El tipo de pregunta influye en la respuesta que se obtiene.

Un docente-coach domina el arte de preguntar para generar alumnos que construyen su aprendizaje desde el no saber y la inquietud hacia un espacio de autonomía y búsqueda del conocimiento. Según realicemos una pregunta, esta podrá llevarnos a un sinfín de pensamientos o estancarnos en una mera respuesta. Si, como docente-coach, yo pregunto "¿qué han aprendido hoy?", doy por sentado que se ha aprendido algo y es el alumno quien debe reflexionar y bucear para encontrar esa respuesta, a diferencia de si pregunto "¿han aprendido algo hoy?", desde donde no indago para que reflexionen. Se quedan entonces en la respuesta de un sí o un no.

Las preguntas permiten:

- Colocar al docente en el rol de facilitador del aprendizaje.

- Acompañar a los alumnos a pensar por sí mismos, a reflexionar.
- Generar en el docente el hábito de comprender antes de dar respuestas.

¿Cómo hacemos esto en el aula? Imaginemos que un docente de historia debe enseñar el Renacimiento. En lugar de presentarse con una clase expositiva, elige comenzar con las siguientes preguntas: ¿Qué creen que es el Renacimiento? ¿Qué imágenes se les presentan si hablamos de este tema? ¿Cómo se imaginan esta época? Si tuviesen que definir este movimiento, ¿cómo lo harían?

Se trata de incentivar la búsqueda y fomentar la cooperación a través de preguntas formuladas por ellos mismos a otros grupos.

Si yo tuviera una hora para resolver un problema y mi vida dependiera de la solución, yo gastaría los primeros 55 minutos para determinar la pregunta apropiada, porque una vez que supiera la pregunta correcta yo podría resolver el problema en menos de cinco minutos.

Albert Einstein

Una buena pregunta debe ser **corta, clara, precisa, adaptada**.

- **Corta:** una pregunta larga hace que la persona se pierda y no se consigue el objetivo.
- **Clara:** utilizar un lenguaje sencillo.
- **Precisa:** relacionada con el objetivo que se persigue.
- **Adaptada:** ser cuidadoso en la forma de preguntar.

Supongamos que un alumno nos dice: “No soy bueno en matemáticas”. Un docente-coach haría alguna de las siguientes preguntas:

- ¿Qué te hace pensar eso?
- ¿En qué área no eres bueno?
- ¿Qué quieres decir con "no soy bueno"?
- ¿Qué haces cuando piensas así? ¿Qué sientes?
- ¿Qué te gustaría que cambie?
- ¿Qué necesitas de mí?

Podemos clasificar las preguntas en **abiertas** o **cerradas**. Las preguntas abiertas generan reflexión y creatividad. Comienzan con **qué, cómo, cuándo, con quién, cuánto, cuál, para qué**. Las preguntas cerradas generalmente comienzan con un verbo y apuntan a respuestas cortas, limitadas a **sí**, **no**, o **quizás**. Estas son útiles para chequear información o asegurarse de que algo se comprendió, sirven para dirigir la conversación o resumir la respuesta.

Volvamos al ejemplo de los padres que se acercan a hablar de la situación de su hijo en el aula. ¿Qué preguntas se le ocurren a partir de este inicio de la conversación con los padres?

....

....

EN SU LIBRO DE BITÁCORA

a. Durante esta semana, esté atento a la manera en que se comunica con los otros. Cuando esté en una conversación, intente:
    1. Espejar (adaptar su lenguaje verbal y no verbal para estar en sintonía con el otro).
    2. Parafrasear (para chequear la interpretación).
    3. Preguntar.
b. Escriba en su bitácora cómo se sintió en el momento de espejar. ¿Fue efectivo el parafraseo? ¿Qué le permitió? ¿Qué efecto percibió que causó en el otro?

➢ ACTIVIDAD 10. Preguntas

Elija una clase que debe dar y piense cómo reformular sus preguntas para poder incluir preguntas abiertas (recuerde que estas comienzan con **qué, cómo, para qué, quién, cuándo**).

Una vez que haya trabajado de esa manera en la clase, complete en su bitácora la siguiente pregunta: ¿qué posibilidades siente que se abrieron para usted y sus alumnos por el hecho de incluir más preguntas abiertas?

➢ ACTIVIDAD 11. ¿Cómo se comunica con su equipo en el aula?

Responda al siguiente cuestionario asignando una puntuación de 1 a 10 para cada una de las afirmaciones en función de encontrarse de acuerdo o en desacuerdo con ellas. El 1 significa "en completo desacuerdo" y el 10, "completamente de acuerdo", pudiendo asignarse valores intermedios.

1. Si estoy en una reunión e ignoro el tema que se está tratando (y todos los demás parecen comprenderlo) confieso mi ignorancia a la primera oportunidad y les pido que me lo expliquen.

1	2	3	4	5	6	7	8	9	10

2. Si uno de mis alumnos/docentes está llegando tarde una o dos veces a la semana, lo llamo y le pido que me cuente qué le pasa.

1	2	3	4	5	6	7	8	9	10

3. Si el director/representante legal me da una orden directa para hacer algo que considero innecesario, le pido explicaciones.

1	2	3	4	5	6	7	8	9	10

4. Si uno de mis colegas me dice: "bueno, no eres tan ogro como me habían comentado", le pregunto más acerca de lo que piensa.

1	2	3	4	5	6	7	8	9	10

5. Si una persona con la que trabajo habitualmente, o un alumno, hace varias cosas que realmente me disgustan, se lo digo abiertamente.

1	2	3	4	5	6	7	8	9	10

6. Si uno de mis docentes/compañeros me está evitando, le pregunto qué le pasa.

1	2	3	4	5	6	7	8	9	10

7. Si en una tutoría con un alumno/conversación con un docente se presenta un par de pequeños puntos negativos, se lo digo, aun cuando pudiese sentarle mal.

1	2	3	4	5	6	7	8	9	10

8. Si escucho de una buena fuente que se me ha desconsiderado para un proyecto, le pregunto directamente al jefe del proyecto acerca del rumor.

1	2	3	4	5	6	7	8	9	10

9. Si asigno una tarea obligatoria a alguien de mi equipo o a un alumno y sospecho que no le agradó, le pregunto cómo se siente.

1	2	3	4	5	6	7	8	9	10

10. Si me doy cuenta de que una de las personas de mi equipo/un alumno está más seria/o y silenciosa/o de lo habitual, le pregunto cuál es el problema.

1	2	3	4	5	6	7	8	9	10

11. Si tengo conocimiento de un problema entre dos personas de mi equipo/de mis alumnos, los llamo y les digo que veo cómo sus problemas están afectando el trabajo que están haciendo.

1	2	3	4	5	6	7	8	9	10

12. Si una de las personas de mi equipo/un alumno me dice que no se lleva bien con otro compañero, le pido que me cuente más y fundamente sus opiniones.

1	2	3	4	5	6	7	8	9	10

13. Si tengo que asignar una tarea de última hora a una persona de mi equipo y ella me pregunta por qué, le explico todo lo que sé.

1	2	3	4	5	6	7	8	9	10

14. Si recibo una nota de un superior pidiéndome que haga algo que yo creo innecesario, se lo digo.

1	2	3	4	5	6	7	8	9	10

15. Si una de las personas de mi equipo fue seleccionada para ser parte de un proyecto y yo creo que no se encuentra capacitada para este, se lo comento al jefe del proyecto

1	2	3	4	5	6	7	8	9	10

16. Si una persona de mi equipo está abiertamente en desacuerdo conmigo en una reunión, la aliento a contarme sus razones.

1	2	3	4	5	6	7	8	9	10

17. Si tengo algún problema con un docente, hablo abiertamente con él.

1	2	3	4	5	6	7	8	9	10

18. Si una de las personas de mi equipo se rebela por pequeñas cuestiones, le pregunto qué le pasa.

1	2	3	4	5	6	7	8	9	10

19. Si tuve una acalorada discusión con alguno de mis colegas o una persona de mi equipo y sospecho que aún se siente mal por eso, le pregunto cómo se siente.

1	2	3	4	5	6	7	8	9	10

20. Si mis problemas personales están interfiriendo en mi trabajo, busco a alguien para hablar sobre ellos.

1	2	3	4	5	6	7	8	9	10

1. Traslade las respuestas del cuestionario al espacio de abajo (tenga en cuenta que las preguntas no están en orden).

Puntuaciones	**Puntuaciones**
2	1
5	3
7	4
10	6
11	8
13	9
14	12
15	16
17	18
20	19
Suma	Suma
Dar	**Solicitar**

2. Trace su Ventana de Johari en el cuadro que sigue. Marque en la línea vertical del lado izquierdo (A) su puntuación total en "**Dar**". Trace una línea horizontal hasta el lado vertical de la derecha.

3. Marque en la parte superior (B) su puntuación total en "**Solicitar**". Trace una línea vertical hacia el lado inferior del cuadro. Esto completa su Ventana de Johari.

SOLICITAR *FEEDBACK* (B)

DAR *FEEDBACK* (A)

	10	20	30	40	50	60	70	80	90	100
10										
20										
30										
40										
50										
60										
70										
80										
90										
100										

La escucha como elemento esencial en la comunicación

La naturaleza nos dio dos ojos, dos oídos y una boca para que pudiésemos observar y escuchar el doble de lo que hablamos.

Epicteto

El escuchar valida el hablar. El gran problema que se nos presenta en la comunicación es que no escuchamos para entender al otro, sino solamente para contestar. En ese camino, varios factores interfieren en nuestra escucha:

- Mi escucha previa (experiencias anteriores, cuentos o historias que me han contado, creencias).
- Mi emocionalidad.
- Mi atención en el momento presente.

Escuchar es mucho más que oír. Oír es una actividad biológica, oímos el ruido de una ambulancia cuando se aproxima hacia nosotros, esto es un acto reflejo e instintivo. Escuchar implica una intención y elección.

ESCUCHAR = OÍR + PERCIBIR + INTERPRETAR

Cuando escuchamos, oímos las palabras que el otro nos está diciendo, pero fundamentalmente, más como docentes, debemos desarrollar la habilidad para percibir lo que no nos dice a través de su emocionalidad y su lenguaje no verbal (gestos, postura corporal, mirada) e interpretarlo. En la escucha, el componente fundamental es el **chequeo**, ya que, como hemos dicho, cada uno genera una interpretación de aquello que está oyendo y, sobre la base de sus modelos mentales, interpreta una situación o conversación. El chequeo, a través de las técnicas de parafraseo y preguntas, nos permite tener la certeza de que nuestra escucha está en la dirección correcta.

Escalera de la escucha

Oír: acción biológica.

Escucha fingida: manifestar que estamos escuchando cuando, en realidad, nuestra atención está centrada en otra cosa.

Escucha selectiva: solo escuchamos aquello que se relaciona con nuestra forma de pensar o nuestras creencias y rechazamos todo lo que se oponga a nuestras opiniones.

Escucha activa: este nivel de escucha se desarrolla en un espacio donde se tiene en cuenta nuestra escucha previa y emocionalidad en el momento de escuchar, donde existen atención plena y presencia.

Escucha empática: es el nivel más elevado de escucha, el que deberíamos alcanzar y desarrollar como docente-coach. La escucha empática implica incorporar todos los elementos de la escucha activa, sumándole el componente de la **empatía**. Se trata de "**Escuchar para entender y no para ser comprendido**" (Hábito nº 5 de Steve Covey).

La empatía consiste en entrar en el marco de referencia del otro, reconocer su modelo mental para pararnos a su lado y desde ahí escuchar lo que nos dice. No significa estar necesariamente de acuerdo, sino escuchar, legitimar, aceptar. No es solamente escuchar con los oídos, sino también con los ojos y el corazón. Se intuye, se siente, se percibe.

Si un alumno, un padre o un docente solicita nuestra escucha, es porque tiene una necesidad que es fundamental legitimar, aunque a veces nos cueste entenderla. Es así como deberemos formular preguntas y chequear nuestras interpretaciones. Se trata de despojarnos de esa parte nuestra que **juzga al otro en función de nuestros propios parámetros**, para lo cual debemos tener en cuenta dos premisas del coaching:

- **Somos seres interpretativos:** observamos y entendemos la realidad a través del filtro que es nuestra forma de observar y ver el mundo. Cada uno tiene su mapa personal para ver la realidad, y cada mapa es diferente.
- **Necesitamos la capacidad de interpretar:** la economía de pensamiento sería poco eficiente si cada vez que vemos un coche tuviésemos que deducir que lo es porque tiene cuatro ruedas, produce cierto ruido,

> lo conduce una persona al volante… entonces, ¡es un coche! Sin embargo, muchas veces, el hecho de ralentizar esos procesos mentales y de separar hechos de opiniones nos permite aprender a no juzgar.

Una directora me comentaba que había tenido reuniones con una madre acerca del comportamiento de su hijo en la escuela. Esta madre culpaba a la escuela y a los compañeros, quienes, según ella, hostigaban a su hijo, pero la directora le mostraba con hechos concretos que la situación era diferente. Ambas estaban muy firmes en su posición, lo que ponía inevitablemente a la madre en una actitud de acoso, amenazando a la directora y a la escuela con hacerlo público en los medios de comunicación.

Luego de trabajar con esta directora su escucha empática, ella decidió utilizar este recurso como última instancia. Citó a la madre y volvió a plantear la situación por la que ya habían tenido muchos encuentros con resultados negativos para ambas. Le dijo: "Déjeme entender si realmente comprendo lo que está sucediendo y cómo se siente usted frente a esta situación. Y si es así, intentemos pensar juntas en las opciones que tenemos para darle una respuesta y definir lo mejor para su hijo". Acercándose de este modo a lo que podía sentir la madre, hizo que ella comenzara a abrirse más y más, logrando una conversación muy profunda de la que surgieron problemas personales que afectaban también el desempeño del niño y su relación con la escuela. Uno nunca va en busca de lo que realmente necesita. A partir de esa escucha empática se pudo generar un espacio de mutuo entendimiento, donde juntas pensaron acciones para lograr una mejor inclusión de su hijo en el aula. ¡Covey dice que un médico nunca prescribe antes de diagnosticar!

➢ **ACTIVIDAD 12. Escucha empática**

Esta semana, trabaje conscientemente en torno de estos cinco ejes que le proponemos para desarrollar una escucha empática:

1. Reflejar el sentimiento del otro (sea un espejo de su emoción).
2. Lograr atención y presencia.
3. Parafrasear (utilizar sus propias palabras para repetir y chequear lo que el otro dice).
4. Chequear (confirmar su interpretación a través del parafraseo y de las preguntas).
5. Traer este principio a la conciencia: ¡no juzgar!

Refleje en su libro de bitácora cómo se sintió luego de una conversación construida sobre estos ejes y qué pudo percibir en el otro.

Hechos *versus* opiniones

Nuestras conversaciones están plagadas de opiniones. Sería muy monótono y fastidioso hablar solamente desde los hechos: “Hoy es 18 de octubre, la temperatura es de 23 grados centígrados, voy manejando el auto por la calle Corrientes hacia…”.

Las opiniones les dan vida a las conversaciones porque incluyen nuestra emocionalidad. Sin embargo, el gran problema reside en aceptar estas opiniones como verdades absolutas o mirarlas como hechos. Comenzar a trabajar sobre estas dos nociones nos permitirá brindar una retroalimentación fundada, tener reuniones más efectivas y aplicar una escucha empática.

Hagamos un ejercicio.

¿Qué podemos decir de este cómic? ¿Qué diferencia detectamos entre las dos imágenes?

En la primera imagen se reconoce a la persona de Charlie Brown. Podemos decir que esto es un **hecho** (este muchacho es Charlie Brown; si alguien duda de su identidad, podemos pedirle su documento para corroborarlo).

En la segunda imagen, Sally, la amiga de Charlie, emite su **opinión**: expresa su interpretación personal, declarando su posición al respecto.

Fred Kofman dice: "El ser humano puede ser definido como el animal que expresa opiniones.... Haga lo que haga, dondequiera que esté, uno se descubre con opiniones sobre todo lo que lo rodea, opinar es tan natural como respirar".

Veamos si podemos trabajar juntos.

Digamos algo de esta maestra:

....

....

....

....

....

¿Qué pensó o escribió?

Ejemplo:

- Tiene un puntero en la mano.
- Usa lentes.
- Es estricta.
- Es coqueta.
- Es eficiente.
- Tiene un libro en su mano derecha.

Coloque estas descripciones en las columnas que considere.*

Hechos	Opiniones

* Hechos: tiene un puntero en la mano – usa lentes – tiene un libro en la mano derecha.
Opiniones: es estricta – es coqueta – es eficiente.

Soy responsable de las opiniones que emito, creo realidades con ellas. La mayoría de nuestras opiniones surgen en forma automática, algunas son útiles mientras que otras nos llevan a accionar de manera errónea.

EN SU LIBRO DE BITÁCORA

1. Piense en sus colegas, alumnos o equipo de trabajo. Anote las primeras impresiones o frases que le lleguen a la mente.
2. Ahora, ¿puede clasificarlas? ¿Son hechos u opiniones?

Los **hechos** describen el mundo, están despojados de nuestra mirada: son verdaderos o falsos. Las **opiniones** son subjetivas, hablan de quien las emite, ¡pueden ser fundadas en hechos! Las opiniones se basan en el pasado, hablan del presente e impactan en el futuro.

Por ejemplo, si un alumno dice: "soy malo en matemáticas", emite una opinión sobre sí mismo en el **presente**. Para decir lo que dice, tiene evidencia del **pasado** (malas notas en los últimos exámenes). Esa opinión condiciona su **futuro**, ya que él desea estudiar Ingeniería y esta opinión seguramente afectará su decisión.

En otro ejemplo: tengo un grupo de alumnos que considero muy desmotivado, ya que en varias oportunidades les presenté diversos materiales para trabajar y no participaron activamente (**pasado**). Entones, me digo (**presente**) que este grupo no tiene motivación ni interés por la materia. Por lo tanto, decido limitarme a traer mi clase preparada sin pensar en cómo generar un espacio de motivación: las clases se tornarán monótonas y la disciplina empezará a verse afectada (**futuro**).

No chequear si esta opinión que estoy formándome de este grupo es fundada y no quedarme en la superficialidad de mi opinión, desde donde nada puedo hacer, constituyen dos posturas que producen dos resultados diferentes. Si fundamento mi opinión con **hechos**, tendré un panorama claro de dónde se encuentra el punto de la desmotivación.

Poder evaluar esa opinión permite avanzar en los pasos para mejorar las relaciones y los resultados. Entonces, ¿cómo fundamento una opinión?

Técnica del "Paquecho"

Tener en cuenta los siguientes pasos:

1. ¿Para qué lo digo? ¿Qué quiero lograr que ahora no estoy logrando?

2. ¿A qué ámbito me refiero?
3. ¿Cuáles son los hechos que sustentan esta opinión?

Ejemplo:

Opinión de Marta, la directora de primaria, sobre Susana, la secretaria: "Susana, nunca cumples con lo que te pido. Eres muy irresponsable".

- **¿Para qué lo digo?** Quiero trabajar para obtener resultados efectivos.
- **¿En qué ámbito?** En el chequeo de planificaciones de los docentes.
- **Los hechos:** las planificaciones debían ser entregadas para el 3 de marzo, revisadas por Susana, visadas, y estamos a 15 de abril y solo tengo en mi escritorio 7 de las 12 planificaciones de las docentes de primaria.

➢ **ACTIVIDAD 13. Fundamentando mis opiniones**

A Escriba tres opiniones acerca de tres personas o situaciones diferentes:

1. ....
2. ....
3. ....

B. A continuación, utilice la técnica del Paquecho para fundamentar cada una de ellas.

C. ¿Qué pudo observar?

Escriba sus reflexiones en su libro de bitácora.

Como docentes-directivos, es importante que seamos conscientes de estas diferencias, ya que nos ayudarán a:

- Basarnos en hechos cuando le brindamos *feedback* o retroalimentación a un alumno.
- Chequear si las opiniones que recibimos de otros colegas son fundadas.
- Fundamentar con hechos nuestro *feedback* del rendimiento o comportamiento de un alumno frente a un padre o directivo para que sea válido.

Cuento. El lobo y Caperucita

El bosque era mi hogar. Yo vivía allí y me gustaba mucho. Siempre trataba de mantenerlo ordenado y limpio. Un día soleado, mientras estaba recogiendo las basuras dejadas por unos excursionistas, sentí pasos. Me escondí detrás de un árbol y vi venir a una niña vestida en forma muy divertida: toda de rojo y su cabeza cubierta, como si no quisiera que la vieran. Andaba feliz y comenzó a cortar las flores de nuestro bosque, sin pedir permiso a nadie, quizás no se le ocurrió que estas flores no le pertenecían. Naturalmente, me puse a investigar. Le pregunté quién era, de dónde venía, a dónde iba, a lo que ella me contestó, cantando y bailando, que iba a casa de su abuelita con una canasta para el almuerzo. Me pareció una persona honesta, pero estaba en mi bosque, cortando flores. De repente, sin ningún remordimiento, mató a un zancudo que volaba libremente, pues el bosque también era para él. Así que decidí darle una lección y enseñarle lo serio que es meterse en el bosque sin anunciarse antes y comenzar a maltratar a sus habitantes.

La dejé seguir su camino y corrí a la casa de la abuelita. Cuando llegué, me abrió la puerta una simpática viejecita, a la que le expliqué la situación y ella estuvo de acuerdo con que su nieta merecía una lección. La abuelita aceptó permanecer fuera de vista hasta que yo la llamara y se escondió debajo de la cama.

Cuando llegó la niña, la invité a entrar al dormitorio donde estaba yo acostado, vestido con la ropa de la abuela. La niña llegó, sonrojada, y me dijo algo desagradable acerca de mis grandes orejas. He sido insultado antes, así que traté de ser amable y le expliqué que mis orejas eran grandes para oírla mejor. Ahora bien, me agradaba la niña y traté de prestarle atención, pero ella hizo otra observación insultante acerca de mis ojos saltones. Ustedes comprenderán que empecé a sentirme disgustado. La niña tenía bonita apariencia, pero comenzaba a resultarme antipática.

Sin embargo, pensé que debía poner la otra mejilla y le dije que mis ojos me ayudaban a verla mejor. Pero su siguiente insulto, sí, me encolerizó. Siempre he tenido problemas con mis grandes y feos dientes y esa niña hizo un comentario realmente grosero. Sé que debí haberme controlado, pero salté de la cama y le gruñí, enseñándole toda mi dentadura y espetándole que eran así de grandes para comerla mejor. Ahora, piensen ustedes: ningún lobo puede comerse a una niña. Todo el mundo lo sabe. Pero esa niña empezó a correr gritando por toda la habitación y yo corría detrás de ella, tratando de calmarla. Como la ropa de la abuelita que tenía puesta me molestaba para correr, me la quité, para mucho peor: la niña gritó aún más. De repente, la puerta se abrió y apareció un leñador con un hacha enorme y afilada. Yo lo miré y comprendí que corría peligro, así que salté por la ventana y escapé.

Me gustaría decirles que este es el final de la historia, pero, desgraciadamente, no es así. La abuelita jamás contó mi parte de la historia y no pasó mucho tiempo sin que se corriera la voz de que yo era un lobo malo y peligroso. Todo el mundo comenzó a evitarme. No sé qué le pasaría a esa niña antipática y vestida en forma tan rara, pero puedo decirles que yo nunca pude contar mi historia. Ahora, ustedes ya lo saben.

¡El lobo siempre será malo si solo escuchamos a Caperucita!

Feedback o retroalimentación

Cuando apuntes con el dedo, recuerda que tres dedos te señalan a ti.

Proverbio inglés

El *feedback* consiste en partir de algo del pasado y decirlo en el presente para modificar el futuro. Es una palabra inglesa cuya traducción es retroalimentación. Por su importancia, ha de estar presente en todas y cada una de nuestras acciones como educadores. Dar y recibir *feedback* es algo habitual y esencial en nuestra tarea, y que puede generar un impacto positivo o negativo en el desempeño del estudiante. Existen investigaciones que demuestran que un *feedback* continuo y efectivo mejora el desempeño y el aprendizaje de los alumnos (Higgings, Hartley, Skelton[10]). Otras señalan que un *feedback* pobre, como en el caso de una sola evaluación numérica, puede tener un impacto negativo. Nos resulta difícil recibir *feedback*, ya que percibimos que algo hicimos mal, que debe ser modificado. Leonardo Wolk, en su libro *El arte de soplar brasas*, acuña la palabra "sincericidio", siendo esta una combinación de sinceridad con homicidio, o suicidio. Las palabras y los dichos pueden sanar o dañar a una persona; de ello se desprende la enorme responsabilidad que tenemos cuando emitimos nuestras opiniones. Un *feedback* efectivo nos permite ayudar a todos los actores involucrados en el proceso de aprendizaje a mejorar su desempeño y alcanzar los objetivos.

Para que esto ocurra, la base sobre la que debemos construir este espacio es la **confianza**, donde se encuentre la apertura necesaria para escuchar y ser escuchado con respeto, y donde cada actor crea que él mismo es tenido en cuenta, considerando que el *feedback* sirve, no solo para mejorar o cambiar cosas, sino también cuando algo no está funcionando bien.

¿Cada cuánto debe proveerse *feedback*? Existe un *feedback* formal y otro, informal. El formal es el que brindamos en un espacio y un contexto preparados para esto. Puede establecerse en periodos fijos, dos o tres veces al año, luego de cada observación pautada de clase. El *feedback* informal debe estar presente a lo largo del año.

Debemos ser sumamente cuidadosos para que quien recibe el *feedback* no se ponga a la defensiva, sintiendo que está siendo criticado.

---

10 Higgings, R.; Hartley, P. y Skelton, A.: "Using a Clean Feedback Model to Facilitate the Learning Process". *Scientific Research. Creative Education*, 2002.

➢ **ACTIVIDAD 14. ¿Dónde está el foco?**

1. Lea estas oraciones:
   - Siempre te pasa lo mismo... llegas tarde.
   - En este trabajo, no entiendo la relación planteada entre los temas.
   - No te veo comprometido.
   - Las últimas tres clases, llegaste 10 minutos tarde.
   - ¡Felicitaciones! Cumpliste con el 90% de las tareas asignadas.
   - No eres claro.
2. Si tuviese que dividir estas seis frases en dos columnas, ¿qué criterio utilizaría? Piense en dos criterios a partir de los cuales agruparlas.
3. ¿Dónde está puesto el foco en cada una?

Podríamos decir que el foco está puesto en el **ser** y en el **hacer**. Cuando decimos "Nos eres claro", "No te veo comprometido", "Siempre te pasa lo mismo... llegas tarde", le estamos hablando al **ser** de la persona: **tú** no estás comprometido, **tú** no eres claro.

En cambio, cuando hablamos respecto del **hacer** y de los hechos, nos centramos en una situación particular: "Las últimas tres clases, llegaste 10 minutos tarde", "En este trabajo no entiendo la relación planteada entre los temas" (esto no significa que seas una persona que no está comprometida).

Podemos decirle a un alumno: "Eres un irresponsable", pero en un *feedback* efectivo corresponde decirle: "Tu actitud de no presentar la tarea en dos oportunidades marca una gran irresponsabilidad de tu parte, porque pones en juego la materia".

Distinguir la diferencia que existe entre hablar de la tarea y hablar de la persona tiene un impacto directo en la relación que estoy estableciendo con esa persona, lo que influirá en los resultados que obtenga.

Fundamentar con hechos nuestras opiniones brinda sustento y credibilidad a nuestro *feedback*. Si yo le digo a una colega: "Patricia, creo que deberías mejorar tu capacidad para hablar en público", Patricia está con derecho a preguntarme: "¿En qué te basas para decir eso?".

Y si le contesto: "Es mi opinión, creo que debes mejorarla y no me baso en nada", mi fundamentación de este juicio es muy pobre. En cambio, si le respondo: "Mira Pato, en los tres últimos actos no has sido clara en tus discursos acerca de los objetivos, te temblaba la voz, tenías un tono muy bajo", mi *feedback* tiene otro peso y ofrece posibilidades concretas de que ella mejore.

Tips para un buen *feedback*

- Lo doy para que el otro **crezca**, no para castigar.
- Genero y chequeo un contexto apropiado, un clima de seguridad y aliento.
- Hablo con el otro acerca de su forma de **hacer**, no de su **ser**.
- Me aseguro de que esté basado en **hechos**.
- Evito generalizaciones como **siempre/nunca** y si uso **opiniones**, las fundamento con hechos.
- Uso un lenguaje descriptivo, no valorativo (lenguaje emocional).
- Si es correctivo, lo doy en privado; si no, puede ser público.
- Tengo en cuenta la fórmula 3 x 1 (Frederickson y Losada[11]): tres positivos x uno negativo.
- Uso la técnica del sándwich:

Refuerzo positivo

Retroalimentación

Refuerzo positivo

---

11 Frederickson. B. L. y Losada, M.: "Positive Affect and the Complex Dynamics of Human Flourishing", *American Psychologist*, 2005.

A continuación se presenta un ejemplo de la técnica del sándwich en *feedback*.

> Docente: Matías, realmente hiciste una exhaustiva investigación para tu trabajo práctico, hay mucho material impreso, imágenes. Se nota tu responsabilidad en cuánto has investigado y el material presentado (refuerzo). Me gustaría que fueses más preciso en contestar tus preguntas. En las preguntas 5, 8 y 10 hay muchas generalidades que no llegan a la idea concreta (retroalimentación).
> Matías: Pero, profe, yo busqué toda la información y está ahí, es lo que pidió.
> Docente: ¿Qué te parece volver a leer las preguntas y respuestas para chequear esto? ¿Crees que puedes mejorarlo de alguna manera?
> Matías: Bueno, lo veo...
> Docente: Genial, sé que vas a poder sintetizar las ideas, ya lo has hecho en otras oportunidades. Te dejo trabajando (refuerzo).

EN SU LIBRO DE BITÁCORA

Le pido tener en cuenta estos *tips* para su próximo *feedback*. Una vez realizado, conteste estas preguntas:

1. ¿Qué notó respecto de su desempeño, teniendo en cuenta los tips de *feedback*?
2. ¿Qué fue lo que más le gustó de lo que hizo?
3. ¿Qué haría de manera diferente en un próximo *feedback*?
4. ¿Qué posibilidades se abrieron, para usted y para quien recibió el *feedback*?

Le propongo también otras consideraciones para tener en cuenta:

a) Evite realizar un *feedback* muy extenso y sobre muchas cuestiones. Para la mejora, es más útil y efectivo concentrarse en dos o tres aspectos que en una catarata de acciones a modificar.
b) Evitar el "Sí, pero...". Si yo le digo a un alumno: "María, eres excelente en inglés, **pero** ten cuidado cuando trabajas en forma

escrita", el mensaje que le doy es que no es realmente buena en inglés. Lo cambiaría por: "María, eres una excelente alumna de inglés, así que me gustaría que trabajaras más en detalle tu habilidad escrita".

c) Ofrecer un *feedback* claro y concreto para que quien lo recibe sepa cuál es el área a mejorar. Por ejemplo: "He notado que en las últimas entregas de tus trabajos prácticos las respuestas son cortas, sin ejemplos ni mayor información. No has incluido imágenes".
d) Invitar al otro a recibir *feedback* lo predispone emocionalmente.

Los docentes, estamos continuamente expuestos a recibir *feedback*, por lo que este debiera ser una práctica habitual del directivo para alcanzar nuestro crecimiento y desarrollo profesional y personal. Sin embargo, como hemos dicho, es difícil brindarlo y más aún, recibirlo.

¿Qué podemos tener en cuenta?

- El *feedback* es información, opinión que me ofrece otro, y es subjetivo, excepto cuando está basado en hechos.
- Luego de escucharlo, puedo agradecer, tomarlo o rechazarlo. Estar abierto de antemano a escuchar me permite adoptar una predisposición emocional positiva y una apertura a lo que el otro tiene que decirme. En caso de sentir que este está equivocado, me baso en hechos para sostener mi posición.

La historia del bolígrafo rojo

Como cada domingo a las seis de la tarde, Profesor se sentó frente a su escritorio para disponerse a corregir los exámenes que había realizado durante la semana a sus alumnos. Era un ritual que se había mantenido inalterable a lo largo de innumerables cursos. Al igual que la casa en la que vivía con su madre, el escritorio de

Profesor era austero, tan austero que solo tenía una lámpara, que había sido testigo de miles y miles de correcciones. La soledad de la lámpara solo se veía trastocada los domingos a las seis de la tarde, cuando Profesor sacaba de su cartera los exámenes y su bolígrafo rojo. Pero aquel domingo, algo cambió para siempre la rutina de Profesor...

Faltaban menos de cinco minutos para las seis de la tarde cuando Profesor se dispuso a sacar de su cartera los exámenes de la semana. Tras colocarlos encima de su escritorio, al lado de su lámpara, volvió a agarrar su cartera para sacar su bolígrafo rojo. Y entonces sucedió algo inesperado. Su bolígrafo rojo había desaparecido. Faltaban pocos minutos para las seis de la tarde...

La relación de Profesor con su bolígrafo rojo era muy especial. Bolígrafo rojo en mano, Profesor se sentía poderoso e importante. Con él había corregido muchos miles de exámenes. A Profesor, le encantaba corregir los errores que los alumnos cometían, curso tras curso. Era muy meticuloso en sus correcciones y su bolígrafo rojo era implacable. No había un solo error que se le escapara. Pero además: tachaba párrafos erróneos, rodeaba con círculos las palabras mal escritas, colocaba signos de exclamación e interrogación en respuestas equivocadas o mal expresadas. No había una sola equivocación que la tinta de su bolígrafo rojo no dejara impregnada en un examen.

Faltaba poco para las seis de la tarde. No podía ser. Era imposible. Su bolígrafo rojo había desaparecido. Buscó una y otra vez en su cartera, en sus pantalones, en su chaqueta. Nada. No había rastro de su bolígrafo y el tiempo jugaba en su contra. ¿Cómo iba a corregir los exámenes? ¿Qué les diría a sus alumnos cuando entrara por la puerta del aula?

Profesor se sentía perdido, confuso. ¿Quién era él sin su bolígrafo rojo? ¿Cómo sería capaz de resaltar los errores en los exámenes de sus alumnos? Había que hacer algo, y rápido.

Sin tiempo que perder, empezó a buscar un bolígrafo rojo. Seguramente tenía alguno escondido en un cajón. Buscó en el salón, en su dormitorio, en el comedor, pero no fue capaz de encontrar ninguno. Entonces se acordó de que tal vez encontraría uno en el cajón de la cocina. Rápidamente se dirigió a la cocina y abrió el cajón. Con sus manos iba palpando todos los objetos que allí se habían acumulado desde su infancia: cerillas, pilas, abrelatas, imanes y... ¡No era posible! ¡Había encontrado un bolígrafo! ¡Por fin podría sentarse frente a la mesa de su escritorio y corregir los exámenes! No había tiempo que perder. Un centenar de exámenes lo estaba esperando. Ya tenía lo que quería, ya podía volver a ejercer su poder. Con el bolígrafo en la mano, Profesor se sentía el hombre más poderoso del mundo.

Solo habían pasado cinco minutos de las seis de la tarde cuando Profesor se sentó frente a su escritorio para proceder a su tarea. Encendió la lámpara, levantó el primer examen con su mano izquierda mientras la derecha sostenía el bolígrafo felizmente hallado en el cajón de la cocina. El ritual solo se había demorado unos minutos.

Profesor empezó a leer las respuestas del primer examen, ávido de encontrar un error. Y ahí estaba. Una respuesta incorrecta, el primer error de aquella tarde de domingo. Inmediatamente tomó su bolígrafo y se dispuso a marcar con una cruz el error, al que pensaba acompañar con algunos signos de exclamación y una nota en el margen que rezara: ¡Qué disparate! ¡No has entendido nada!

El bolígrafo que Profesor sostenía con su mano derecha se dirigió entonces con vuelo presto hacia la respuesta incorrecta. Todo estaba a punto para que en el momento en el que la punta del bolígrafo hiciera contacto con la hoja del examen, una raya marcara la primera diagonal de la equis que aquella respuesta incorrecta se merecía. Y para eso estaba dispuesto Profesor. Pero en el mismo instante en que trazaba esa primera diagonal, un grito de horror salió de su boca. Fue entonces cuando se acordó de su madre.

La madre de Profesor era una madre diferente del resto de las madres. Ella siempre tuvo la firme convicción de que la enseñanza debía hacerse desde el acierto y no desde los errores. De niño, Profesor había tenido muchos problemas para aprender a escribir. Todas las tardes llegaba a su casa llorando y sosteniendo en sus manos una ficha repleta de correcciones en rojo que su maestra le había dado para que viera lo atrasado que iba con respecto a sus compañeros.

Cuando la madre veía esa ficha y los ojos de su hijo, se le rompía el corazón. Y fue ese dolor lo que le hizo tomar una decisión que cambiaría la vida de su hijo. Ese día decidió comprar un bolígrafo verde, con el que ayudaría a su hijo a mejorar su escritura. Cada tarde se sentaba con él en la mesa de la cocina y practicaban ejercicios de escritura durante quince minutos. Cuando él terminaba los ejercicios, ella tomaba el bolígrafo verde del cajón de la cocina y rodeaba con un círculo todos los aciertos que había logrado su hijo.

Con el tiempo su hijo fue mejorando, tanto su escritura como su autoestima y su autoconfianza. Hasta que llegó el día de guardar el bolígrafo verde en el cajón de la cocina, el bolígrafo verde con el que su hijo había aprendido la importancia de los aciertos, el valor del refuerzo positivo incondicional.

Habían pasado pocos minutos de las seis de la tarde y Profesor sostenía el bolígrafo verde con el que su madre le había enseñado el valor de reforzar los aciertos por encima de los errores. En el centro de su escritorio estaba el primer examen por corregir de la tarde, un examen con una raya en diagonal de color verde, una raya que Profesor decidió que se quedaría sin la compañía de la otra diagonal que debía marcar con una equis una respuesta incorrecta.

Habían pasado pocos minutos de las seis de la tarde y Profesor agarró con fuerza el bolígrafo verde con el que su madre le enseñó a valorar los aciertos por encima de los errores y se dispuso a seguir leyendo el primer examen de la tarde. Tardó poco en encontrar una buena respuesta. Agarró entonces su bolígrafo verde y su rostro esbozó una sonrisa, la misma sonrisa que su madre le obsequiaba con cada acierto reflejado en el bolígrafo verde…

El error como tesoro

Los docentes debemos enfocarnos en los intentos, en los aciertos y las equivocaciones, dejando siempre muy claro desde el principio que el error forma parte del aprendizaje. Del error podemos aprender, de él podemos reírnos, podemos dar paso a la creatividad. Si nos centramos en las intervenciones de nuestros alumnos y ponemos menos énfasis en sus errores, abrimos una ventana a una clase más participativa, donde los alumnos se desafíen y no tengan miedo de equivocarse, sabiendo que es parte de su aprendizaje. Así se genera un clima seguro y de contención.

¿Qué pasaría si en las pruebas reforzáramos los aciertos en vez de enfocar el error? ¿Sería posible que de esta manera el alumno aprendiera más y mejor a medida que vaya siendo consciente de ese error y de cómo modificarlo?

¿Qué impacto generarían estas frases?

Castigando el error: "Tienes siete errores". "Solo has acertado tres de las diez preguntas de la prueba".

Enfocando en el acierto: "Has conseguido tres aciertos. Si te esfuerzas un poco más, seguro que conseguirás aumentar el número de respuestas acertadas".

Dejar de marcar solamente los errores y acentuar en mayor medida los aciertos permite decir que no hay respuestas erróneas sino respuestas que necesitan más preguntas para llegar al acierto.

Tomemos este ejemplo:

Docente: ¿A qué categoría gramatical pertenece la palabra "curioso"?
Alumno: Es un sustantivo.
Docente: ¿Cómo termina la palabra?
Alumno: En -oso.
Docente: Busca una palabra que acompañe a niño y que termine en -oso.
Alumno: Niño hermoso.
Docente: ¿Qué puedes decir de hermoso y curioso?
Alumno: Que describen al niño.
Docente: ¿Y a qué categoría pertenecen?
Alumno: A la categoría del adjetivo.
Docente: ¿Puedes poner la palabra curioso a continuación de la palabra niño?
Alumno: Sí, niño curioso.
Docente: Por lo tanto, curioso es una cualidad.
Alumno: Sí, así es.
Docente: Entonces, ¿a qué categoría pertenece la palabra curioso?
Alumno: No es un sustantivo, es un adjetivo.
Docente: ¡Felicitaciones!

El error siempre se vive en soledad. La culpa que conlleva, también. Compartir las equivocaciones o el no saber nos permite trabajar sobre la autoeficacia de nuestros alumnos. Para esto, es fundamental incentivarlos a solicitar ayuda a otros compañeros o utilizar técnicas de trabajo colaborativo para este fin.

Vea el ejemplo que sigue.

Docente: ¿Cuál es el planeta del sistema solar más alejado de la Tierra?
Juan: No me acuerdo.
Docente: ¿Quién te gustaría que te ayudase con esta respuesta?
Juan: Carla.
Docente: Carla, ¿sabes cuál es el planeta del sistema solar más alejado del planeta Tierra?
Carla: Creo que es Plutón.
Docente: Juan, ¿tú qué crees?
Juan: ¡Sí, es Plutón! Ahora me acuerdo.
Docente: Felicidades a las dos. Juntos encontraron la respuesta.

Seguimos hoy castigando el error, cuando equivocarnos debiera ser visto como la inmensa oportunidad para aprender. No eduquemos a nuestros alumnos para que nunca se equivoquen, porque eso no pasa en la vida real. Trabajemos junto con ellos para que cuando los errores aparezcan seamos conscientes de ellos y podamos dar un paso más allá y aprender, para fortalecer su autoeficacia y su inteligencia emocional.

Los peores errores de la vida son los que no cometemos

Reuniones con los padres

Son variados los momentos en que los docentes nos enfrentamos a situaciones difíciles y estresantes con los padres de nuestros alumnos, un colega o nuestro líder educativo. Poder diseñar estas conversaciones y hacer uso de las diversas técnicas ya vistas nos ayudarán a lograr resultados más efectivos para ambas partes.

En coaching hablamos de "conversaciones difíciles". Son aquellas que nos sacan de nuestra zona de confort, que impactan en nuestra emocionalidad y que, muchas veces, se inician, y hasta a veces finalizan, antes de tenerlas (dentro de nosotros mismos).

Los conflictos suceden y no podemos evitarlos, pero sí **podemos elegir cómo responder** ante ellos. En ocasiones, recibimos quejas de padres por falta de atención a sus hijos, de nuestro directivo, por alguna omisión o un error en el día a día del aula.

Una queja es una conversación que expresa, por parte de quien la emite, una frustración porque las cosas no se han producido como se esperaban, lo cual genera emociones negativas. Conversar sobre qué está sucediendo nos ayuda a mejorar nuestras relaciones para obtener resultados diferentes.

Tomemos este ejemplo: yo, docente de sexto grado, cito a los padres de Martina para una entrevista. En los últimos dos meses Martina ha bajado su rendimiento y su atención en clase: se distrae fácilmente, no cumple con la tarea y día por medio hay que llamarle la atención por conversar en demasía en clase. Ya he tenido conversaciones con ellos y sé que es una familia a la que le cuesta escuchar las opiniones del docente. En los últimos encuentros no hemos tenido resultados satisfactorios, debiendo intervenir la directora. Estoy convencida de que la próxima será una conversación difícil; si Martina no revierte su actitud y su rendimiento, podría tener que recuperar la materia.

¿Cómo diseño una conversación para que sea efectiva? Tengamos en cuenta estos cinco pasos:

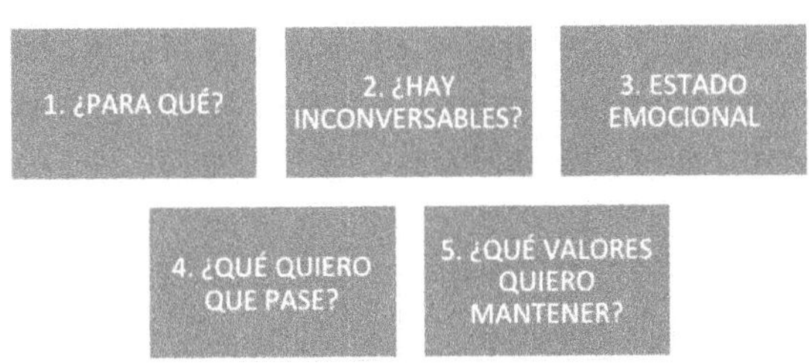

1. **¿Para qué?**: me pregunto qué objetivo persigo con esta conversación. Podría ser informar a los padres de Martina sobre su rendimiento y buscar soluciones en conjunto o solo informar.
2. **¿Hay inconversables?**: con esto nos referimos a aquellos temas que todos conocen pero de los que no se habla. Por ejemplo, Martina podría estar atravesando un momento psicológico delicado y yo, como docente, podría haberme enterado sin que los padres me lo cuenten abiertamente. Si hay inconversables, debemos abrirlos y conversarlos previamente.
3. **Estado emocional**: ¿cuál es mi estado emocional? Puedo estar enojada con Martina por su falta de responsabilidad o de respeto en clase. ¿Puedo reconocer en qué estado emocional estoy? Si puedo, estoy en condiciones de gestionar mis emociones cuando siento que estas van a atraparme.
   También debo tener en cuenta que no sé en qué estado emocional se encuentran los padres de Martina, y esa es una información importante que me permitiría comprender y empatizar con ellos.
4. **¿Qué quiero que pase?**: quiero informar a los padres de la situación y que me acompañen para trabajar con ella y que mejore su rendimiento y actitud.
5. **¿Qué valores quiero mantener?**: respeto (no levantar el tono de voz), verdad (sustentaré con hechos mis opiniones), paciencia.
6. **Contexto**: "una conversación adecuada en un contexto inadecuado es una conversación inadecuada". Plantear el tiempo y el espacio. Una conversación de este estilo no puede llevarse a cabo en un pasillo de la escuela o a la salida.

Para toda reunión es importante tener en cuenta estas propuestas:

- Establecer un límite de tiempo y respetarlo (que los padres sepan la duración de la reunión, ya sea individual o grupal, y no extenderse en demasía).
- Escuchar activamente, aplicando los pasos de la escucha activa (yo te escucho sin interrumpir y luego tú me escuchas de la misma manera).
- Animarlos a continuar (¿y qué más?), para que no quede nada **no** dicho.
- Formular preguntas, no dar nada por sentado o interpretado.
- Parafrasear o repetir (es muy útil luego de una exposición de alguien repetir con palabras propias la interpretación de lo dicho, evitando así malentendidos).
- Proponer una meta positiva. Diseñar acciones en conjunto.
- Acordar otra reunión para evaluar avances o reformular acciones.

Recordemos. En toda conversación existen tres dimensiones, las tres C:

Contexto - Contacto - Contenido.

- **Contexto:** ¿dónde voy a tener esa conversación?
- **Contacto:** ¿en qué estado emocional estoy yo y está el otro?
- **Contenido:** lo que voy a decir. Para tener en cuenta: es fundamental no saltar al contenido sin haber hecho contacto con la otra persona.

Parada 5. El bienestar como meta

Educar la mente sin educar el corazón no es educar en absoluto.

Aristóteles

Como seres humanos estamos constituidos por **cuerpo + emoción + lenguaje**. A través del cuerpo podemos observar y realizar acciones, con el límite de lo que nuestra biología nos permite. A través del lenguaje le damos sentido a lo que observamos por medio de la narrativa. Pero nuestras acciones se ven condicionadas por la emoción, que nos predispone a actuar de diversas maneras. Es esa emoción la que nos lleva a huir de una situación de peligro o a cobijarnos bajo el ala de un ser querido. No somos seres solamente racionales, también somos seres emocionales que razonan. Con esta premisa nos adentramos en el mundo emocional, para indagar la manera en que lo que sentimos impacta en nuestro accionar y de dónde provienen esas emociones.

Sabemos que los estímulos del mundo exterior llegan a nuestro cerebro a través de los sentidos (Sistema Activador Reticular Ascendente, SARA). El sentido del olfato ingresa directamente al cerebro, mientras que los otros sentidos ingresan por el tallo cerebral y pasan al tálamo.

Esta máquina llamada cerebro evalúa la información recibida de modo de averiguar si tal acontecimiento está a favor o en contra de su supervivencia. La amígdala tiene la función de evaluar y activar la respuesta necesaria. Si ella considera que hay peligro, avisa al hipotálamo, que pone en funcionamiento el mecanismo de defensa para enfrentarlo. De lo contrario, la información pasa al lóbulo prefrontal. Todo esto en 125 milisegundos, ¡la mitad de lo que dura un parpadeo!

Cuando la reacción-acción proviene de la amígdala, la supervivencia está en juego; por lo tanto, las respuestas serán huir o atacar. No hay posibilidad para algo más.

¿Qué sucede cuando la información sigue el camino? Veamos un ejemplo a continuación.

Voy caminando por la calle. Frente a mí, veo acercarse una persona vestida con un buzo con capucha. Como no puedo ver su rostro, pienso que esta persona puede agredirme o robarme, por lo que cruzo de vereda inmediatamente.

En este caso, se moldea nuestra respuesta en el lóbulo prefrontal.

El caso Phineas Cage

Phineas Cage era supervisor de los trabajadores de ferrocarriles y su función consistía en coordinar a aquellas personas que colocaban los durmientes de las vías del ferrocarril. Era conocido como un hombre íntegro y pacífico, muy atento con sus compañeros.

En una oportunidad, Phineas tiene un accidente y una barra de hierro (durmiente) le atraviesa la cabeza. Increíblemente, Cage no muere. Es curado y luego de un tiempo vuelve a su trabajo, pero ya no es la misma persona. Está descontrolado, agresivo, impulsivo. Cuando muere, Antonio Damasio, médico neurólogo, decide analizar lo que ha sucedido y el cambio de conducta de Cage luego del accidente. Fruto de sus investigaciones, Damasio concluye que Phineas Cage sufrió una lesión en la corteza orbitofrontal, ¡que provocó una desconexión entre razón y emoción! De allí surge el descubrimiento de la importancia de los lóbulos prefrontales en la regulación emocional.

¿Cómo es el ciclo de las emociones?

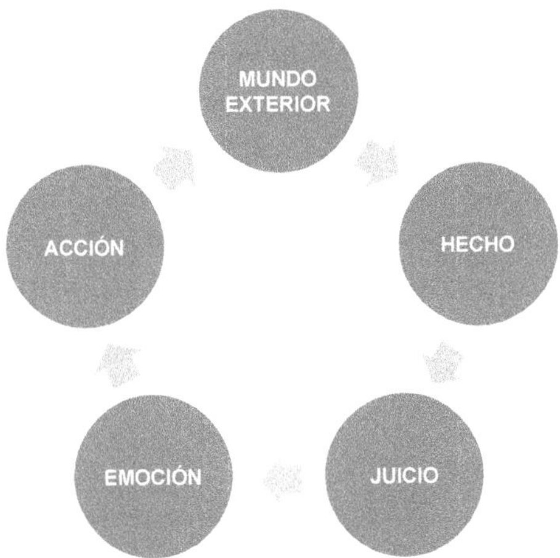

Repasemos: del **mundo exterior** recibimos estímulos, a través de los sentidos, y observamos un **hecho**. De ese hecho hacemos interpretaciones, tenemos **pensamientos** al respecto, juicios que disparan una **emoción** consciente o inconsciente, que dispara una **acción.** El hecho es solo el **disparador**, no un elemento determinante del proceso del pensamiento y de la emoción.

Las emociones

- Predisponen a la acción.
- Son contagiosas.
- Son involuntarias.
- No son negativas o positivas. Pueden clasificarse en placenteras o displacenteras.
- Tiñen nuestras conversaciones y condicionan nuestras acciones.

No importa lo que te pasa, sino cómo reaccionas a lo que te pasa.

Epicteto

La inteligencia emocional (IE) es la capacidad para tomar conciencia de las emociones propias y ajenas y gestionarlas. Ser analfabetos en términos emocionales implica tener una incapacidad para reconocer nuestras emociones y las de los demás, reaccionar en forma desmedida, falta de empatía o cercanía. La IE es una habilidad que puede desarrollarse y crecer. Daniel Goleman afirma que el éxito de una persona se debe en el 8% a su coeficiente intelectual y en el 92% a su coeficiente emocional.

Rafael Bisquerra[12] concibe cinco competencias emocionales en apoyo a los cinco estadios de la inteligencia emocional de Daniel Goleman[13].

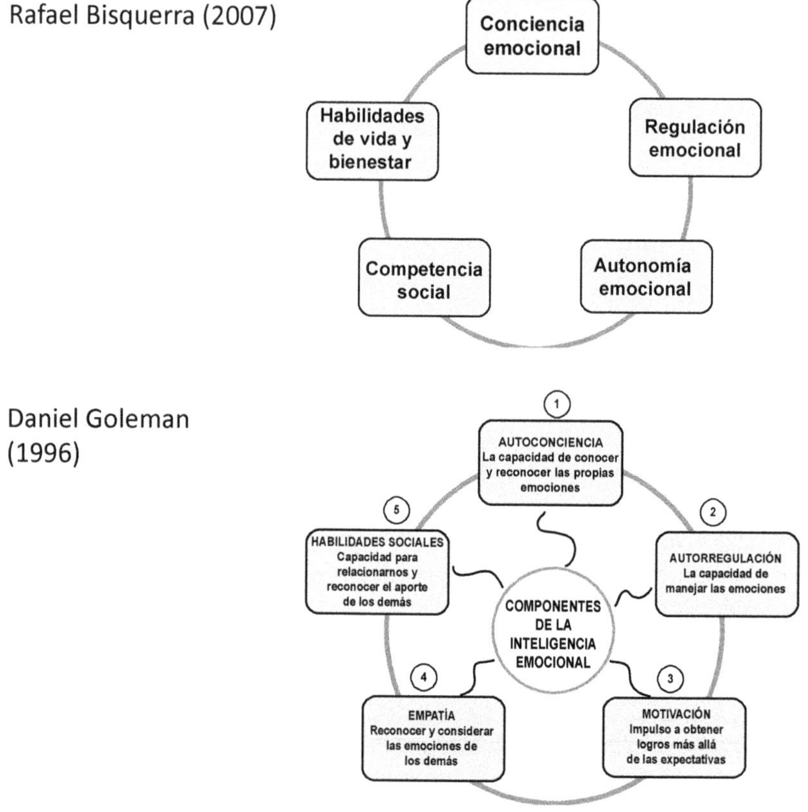

12 Bisquerra, R.: *Las competencias emocionales.* Facultad de Educación UNED, 2007.
13 Goleman, Daniel: *Inteligencia emocional.* Kairós, Barcelona, 1996.

Competencias y habilidades de la inteligencia emocional

Conciencia emocional

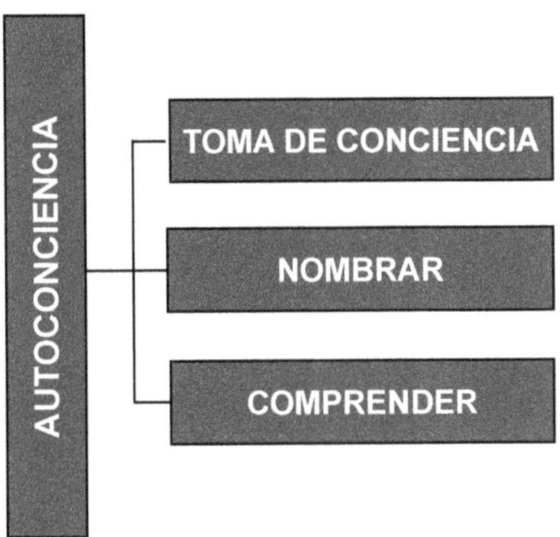

Se trata de **tomar conciencia**, de percibir las emociones y los sentimientos propios en el cuerpo, en los pensamientos, de identificarlos.

Nombrar es etiquetar, salir del analfabetismo emocional que menciona Goleman para poder nombrar correctamente a la emoción.

Comprender las emociones de los demás es implicarse en forma empática en sus vivencias emocionales. Es necesario tener en cuenta la comunicación verbal y no verbal.

EN SU LIBRO DE BITÁCORA

¿Cómo es su autoconciencia emocional?

Arme una lista de las emociones que conoce y luego colóqueles una marca a aquellas que siente con mayor frecuencia.

Regulación emocional

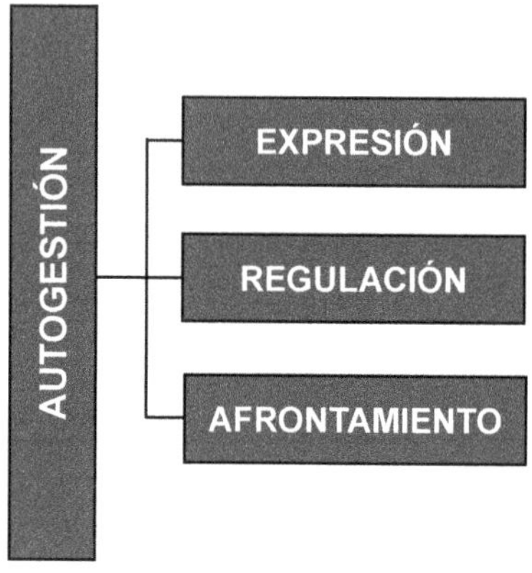

Expresión emocional es la capacidad de expresar las emociones de forma apropiada, es tener en cuenta que nuestro estado emocional interno no tiene por qué condescender con la correlación externa. En los adultos, es ser conscientes del efecto que nuestra propia expresión emocional y nuestro comportamiento producen en otros.

Regulación es aceptar que los sentimientos y las emociones a veces deben ser gestionados. Se trata de manejar la impulsividad, tolerar la frustración, para prevenir estados de ánimo negativos, perseverar en el logro de los objetivos a pesar de las dificultades. Es la capacidad para diferir o posponer recompensas inmediatas a favor de otras a largo plazo.

Afrontamiento consiste en afrontar retos y situaciones de conflicto y así gestionar la intensidad y la duración de los estados emocionales. Existen diversas técnicas de afrontamiento que veremos cuando hablemos del *burnout* del docente.

Lo importante es que usted posea la emoción, ¡que la emoción no lo posea a usted!

EN SU LIBRO DE BITÁCORA

¿Puede recordar alguna situación en donde se sintió atrapado por la emoción? ¿Qué sucedió? ¿Cuál fue esa reacción? ¿Cuáles fueron los resultados?

Autonomía emocional

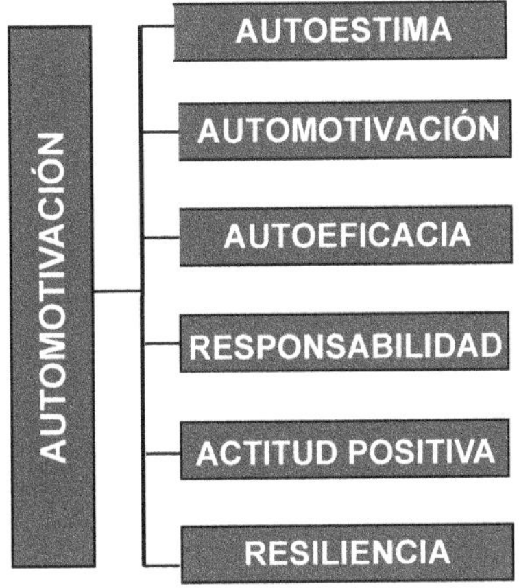

Autoestima está relacionada con el valor que nos damos a nosotros mismos como personas.

Automotivación es la capacidad para automotivarse e implicarse emocionalmente en actividades diversas, sociales, personales, de tiempo libre. Motivación y emoción van de la mano.

Automotivarse es fundamental para darle sentido a la vida.

Autoeficacia emocional es la percepción de que tenemos habilidades para las relaciones sociales y personales gracias a las competencias emocionales.

Responsabilidad permite responder a las diversas circunstancias que se nos presentan, asumiéndolas en la toma de decisiones.

Actitud positiva lleva a enfocarse en las fortalezas, para apalancarse en ellas y trabajar las debilidades.

Resiliencia es la capacidad para afrontar y superar una situación adversa o la frustración.

Competencia social

Habilidades sociales básicas: la habilidad social básica por excelencia es la **escucha**. Sin ella, difícilmente se puede llegar a los demás. Practicar la comunicación activa y una escucha efectiva potencia las relaciones.

Respeto y asertividad: el respeto por los demás indica que se aceptan y aprecian las diferencias individuales, en especial cuando surgen puntos de vista diferentes en los grupos. Ser asertivo involucra la capacidad de defender los propios derechos, opiniones y pensamientos, respetando al mismo tiempo las opiniones y los derechos de los otros. Es saber decir **no** claramente y sostenerlo, y aceptar que el otro también pueda decir **no**. Incluye enfrentar a la presión del grupo y no sentirse coaccionado por adoptar otros comportamientos.

Prevención y solución de conflictos es la habilidad para solucionar los conflictos interpersonales.

Habilidades de buena vida y bienestar

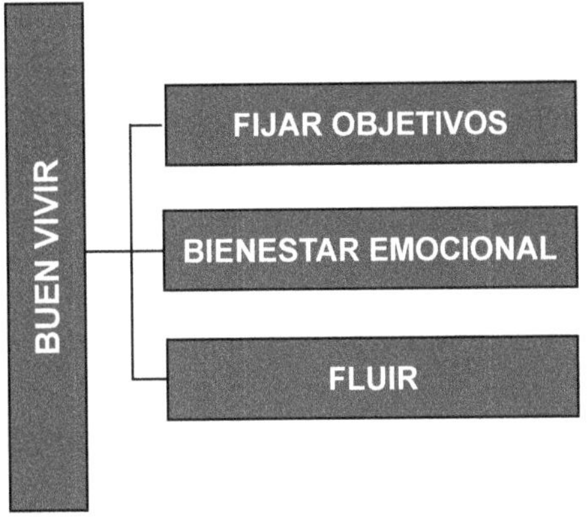

Aristóteles hablaba del Buen Vivir. Estos conceptos nos sirven para organizar nuestra vida de forma sana y equilibrada. Debemos **fijar objetivos** a corto plazo o a largo plazo, tomar decisiones y asumir nuestra responsabilidad, así como buscar ayuda cuando los recursos no nos son suficientes. El **bienestar emocional** consiste en adoptar una actitud favorable al bienestar familiar, personal y profesional. Está relacionado con la experiencia de sentir emociones placenteras. Lo ideal es no esperar que lleguen estos estados, sino construirlos con voluntad y actitud positiva.

¿Cómo gestionar las emociones en el aula?

- Identificar las propias emociones. ¿Cómo me siento?
- Ser responsable. No culpar a los alumnos por las emociones propias.
- Ampliar los márgenes de lo aceptable y recordar que las emociones son contagiosas.
- Ayudar a los alumnos a etiquetar sus emociones.
- Ofrecerles posibilidades de elección.

- Respetar las emociones de los alumnos y preguntar por ellas.
- Favorecer que se pregunten entre ellos cómo se sienten y puedan reconocer las emociones en el otro.
- Enseñarles a resolver sus problemas por medio de la empatía y el respeto mutuo.

EN SU LIBRO DE BITÁCORA

1. ¿Cuánto de la lista mencionada anteriormente reconoce que aplica en el aula?
2. Lo invito esta semana a estar atento/a a sus emociones, para poder nombrarlas cuando las reconoce.
3. Elija una que no sea placentera, acéptela y analice qué le dispara. Revele la historia que se está contando detrás de esa emoción. Fundamente sus opiniones o busque hechos. ¿Siente que puede darle una nueva interpretación? ¿Qué beneficios obtuvo?

La OMS (Organización Mundial de la Salud) concibe la salud como "un estado de completo bienestar físico, mental y social y no solamente la ausencia de afecciones o enfermedades".

Según la Real Academia Española, el concepto de bienestar se define como el conjunto de cosas necesarias para vivir bien. Cuando todas nuestras necesidades básicas de supervivencia están cubiertas, ¿a qué nos referimos con **vivir bien**? ¿Al **Buen Vivir** del que hablaba Aristóteles? Esa respuesta es subjetiva y está teñida de las experiencias previas que cada uno de nosotros ha tenido, o vinculada a las aspiraciones y los deseos a los que anhelamos llegar y conocer. Por lo tanto, podemos decir que la felicidad reside en el bienestar psicológico percibido, que dependerá de cómo una persona se relaciona con la realidad y de su actitud frente a ella.

Varios científicos han estudiado este concepto de felicidad. Entre ellos, Sonja Lyubomirsky (profesora del Departamento de Psicología de la Universidad Riverside de California y doctora en Psicología Positiva de la Universidad de Stanford) escribió en su libro *La ciencia de la felicidad* que el 50% del nivel de felicidad en una persona está determinado genéticamente, el 10% por circunstancias de la vida, y el restante 40% se relaciona con la manera en que esta persona enfrenta esas circunstancias.[14]

Según Richard Davidson, director del Centro de Salud Mental de la Universidad de Madison, la felicidad y el bienestar son habilidades que podemos desarrollar y aprender. La buena noticia, entonces, es que podemos trabajar para desarrollar el bienestar, ¡el propio y también el de nuestros ambientes de trabajo!

Según Davidson, el bienestar posee cuatro componentes:

1. **Actitud positiva:** "La vida inflige los mismos contratiempos y tragedias en el optimista como en el pesimista, pero el optimista las resiste mejor" (Martin Seligman).
2. **Resiliencia**: capacidad para recuperarnos de la adversidad.
3. **Atención:** estar presente aquí y ahora.
4. **Comportamiento prosocial**: incentivar vínculos, desarrollar sentimientos de empatía y generosidad.

¿Qué sucede en la vida cotidiana? ¿Podríamos decir que el bienestar se asocia al ocio mientras que el estrés se vincula al trabajo?

14 Lyubomirsky, Sonja: *La ciencia de la felicidad.* Books4pocket, 2011.

➢ ACTIVIDAD 15. Cuestionario de *burnout/engagement*

Extraído de: Leonardo Medrano, Edgardo Pérez, *Manual de psicometría y evaluación psicológica* (p. 110).[15]

Lo invito a realizar este cuestionario para averiguar cómo se encuentra hoy respecto de su vida laboral. La escala de puntuación es la siguiente:

Nada	Casi nada	Raramente	Algunas veces	Bastante	Con frecuencia	Siempre
0	1	2	3	4	5	6
Nunca	Un par de veces al año	Una vez al mes	Un par de veces al mes	Una vez a la semana	Un par de veces a la semana	Todos los días

1	En mi trabajo se presentan nuevos retos (desafíos).	
2	En mi trabajo me siento lleno/a de energía.	
3	En mi trabajo, creo que soy ineficaz a la hora de resolver problemas.	
4	Me siento inseguro/a de finalizar eficazmente mis tareas.	
5	Me resulta difícil relajarme después de un día de trabajo.	
6	Creo que soy más insensible con la gente que trato en mi trabajo desde que estoy en este puesto.	
7	En mi opinión, soy ineficaz en mi trabajo.	
8	Estoy inmerso/a y concentrado/a en mi trabajo.	
9	Siento que las personas que atiendo en mi trabajo me culpan por algunos de sus problemas.	
10	El tiempo "vuela" cuando estoy trabajando.	
11	Me encuentro agotado/a al final de la jornada laboral.	
12	Cada vez me siento menos implicada/o con el trabajo que hago.	

15 Medrano, Leonardo y Pérez, Edgardo: *Manual de psicometría y evaluación psicológica*. Editorial Brujas, 2018.

13	Soy persistente en mi trabajo.	
14	La gente dice que soy ineficaz en mi trabajo.	
15	Me preocupa que este trabajo me esté endureciendo emocionalmente.	
16	Estoy entusiasmado/a con mi trabajo.	
17	Puedo continuar trabajando durante largos periodos de tiempo.	
18	Cuando me levanto por las mañanas, tengo ganas de ir a trabajar.	
19	He perdido interés y entusiasmo por este trabajo.	
20	Trato a algunas personas de mi trabajo como si fueran objetos.	
21	Cada vez se hace más pesado levantarme por las mañanas para ir a trabajar.	
22	Dudo de que mi trabajo contribuya a algo interesante.	
23	No tengo claro cuáles son el valor y la trascendencia de mi trabajo.	
24	Realmente, no me importa lo que les ocurrirá a algunas personas a las que tengo que atender en mi trabajo.	
25	Incluso cuando las cosas no van bien, continúo trabajando.	
26	Soy fuerte y enérgico/a en mi trabajo.	
27	Aprendo cosas nuevas e interesantes en mi trabajo.	
28	Mi trabajo tiene sentido.	
29	Cuando estoy trabajando, olvido todo lo que pasa a mi alrededor.	
30	Me dejo llevar (fluyo) en mi trabajo.	
31	Después de un día de trabajo, me encuentro tan cansado/a que no puedo dedicarme a otras cosas.	
32	Mi trabajo es estimulante e inspirador.	
33	Estoy orgulloso/a de mi trabajo.	
34	Cuando estoy absorto/a en mi trabajo, me siento bien.	

Burnout

- Sume los valores de los ítems:
  5 _____
  11 _____
  21 _____
  31 _____
  TOTAL ______.
  Divídalo por 4. Este valor _____ indica el número promedio o la media que califica su **agotamiento** en el trabajo.

- Sume los valores de los ítems:
  12 _____
  19 _____
  22 _____
  23 _____
  TOTAL _____.
  Divídalo por 4. Este valor ______ indica el número promedio o la media que califica su **cinismo** en el trabajo.

- Sume los valores de los ítems:
  6 _____
  9 _____
  15 _____
  20 _____
  24 _____
  TOTAL ______.
  Divídalo por 4. Este valor ______ indica el número promedio o la media que califica su **despersonalización** en el trabajo.

- Sume los valores de los ítems:
  3 _____
  4 _____
  7 _____
  14 _____
  TOTAL ______.
  Divídalo por 4. Este valor _____ indica el número promedio o la media que califica su **ineficacia** en el trabajo.

Engagement

- Sume los valores de los ítems:
  2 ______
  13 ______
  17 ______
  18 ______
  25 ______
  26 ______
  TOTAL ______.
  Divídalos por 6. Este valor _____ indica el número promedio o la media que califica su **vigor** en el trabajo.

- Sume los valores de los ítems:
  1 ______
  16 ______
  27 ______
  28 ______
  32 ______
  33 ______
  TOTAL _______.
  Divídalo por 6. Este valor _____ indica el número promedio o la media que califica su **dedicación** en el trabajo.

- Sume los valores de los ítems:
  8 ______
  10 ______
  29 ______
  30 ______
  34 ______
  TOTAL _______.
  Divídalo por 5. Este valor ______ indica el número promedio o la media que califica su **absorción** en el trabajo.

Burnout

¿Qué respuesta obtuvo? Quizás, según la época del año en que se siente a realizarlo, obtendrá distintas respuestas. Sin embargo existe una constante: el rol del docente es desafiante y, a su vez, estresante. De nosotros, los docentes, se espera que eduquemos, formemos, y muchas veces cumplimos también el rol de psicólogo, enfermero, orientador, incluso hasta reemplazar la mirada ausente de un padre. Esto, sumado a las exigencias de la institución, los padres, los alumnos y, en algunos casos, de los cambios y la reestructuración de planes de estudio, hace que todos estos elementos se conviertan en factores de estrés que contribuyen al *burnout* –o síndrome del quemado– del docente.

El estrés laboral se produce cuando las demandas del trabajo superan altamente los recursos del trabajador. "Cuando existen muchas demandas y pocos recursos para afrontarlas suele producirse un estado psicológico negativo en el trabajador, que puede manifestarse de modos diversos como, por ejemplo, la insatisfacción laboral o el *burnout*.

Por el contrario, si el trabajador tiene recursos suficientes, tanto personales como laborales, para afrontar las demandas, su estado psicológico será positivo, con percepciones como la satisfacción en su trabajo o el *engagement* (vinculación psicológica con el trabajo)" (Salanova, Schaufeli, Llorens, Grau y Peiró[16]; Schaufeli y Salanova[17]).

16 Salanova, M.; Schaufeli, W.; Llorens, S.; Grau, R. y Peiró, J.: "Desde el *burnout* al engagement: ¿una nueva perspectiva?". *Revista de Psicología del Trabajo y de las Organizaciones*. 16. 117-134, 2000.

17 Schaufeli, W.B. y Salanova, M.: "The Measurement of Engagement and Burnout: A Two Sample Confirmatory Factor Analytic Approach". *Journal of Happiness Studies*. 3. 71-92. 10.1023/A:1015630930326. 2002.

Las demandas son los aspectos físicos, psicológicos o de la organización: una reunión de padres, una charla con un docente, un accidente de un alumno, turnos de muchas horas de trabajo, actividades fuera del horario de trabajo, chequeo de trabajo administrativo o correcciones, observación de clases.

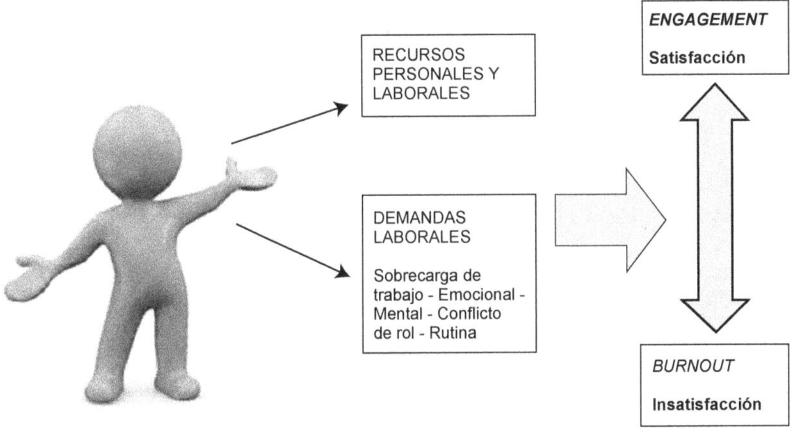

Las demandas pueden ser por:

- Cantidad (horas, problemas, trabajo).
- Nivel de dificultad.
- Sobrecarga emocional.

No son positivas ni negativas. Son un obstáculo si son importantes o si los recursos no son suficientes.

En los docentes, se agrupan en aspectos de tarea y aspectos emocionales. Dentro de los aspectos de la tarea, encontramos carga de actividades de rol y extra rol, falta de recursos o de material didáctico o de infraestructura (no poder escribir en forma legible en la pizarra o el pizarrón en un aula afectará la presentación y puesta en común de la temática por parte de los alumnos). Los aspectos emocionales se centran en la indisciplina de los alumnos, la desmotivación, la conducta de los padres, el estilo de liderazgo del director. A lo que se le suma una sobrecarga mental y emocional. "El trabajo del profesor se caracteriza por la exigencia de altos niveles de concentración, precisión y atención diversificada, que implica tener que estar pendiente de muchas cosas a la vez y recordarlas (esto es la sobrecarga mental). Además, se les exige que se impliquen a nivel emocional con los estudiantes, padres y compañeros, relaciones que en muchas ocasiones pueden ser conflictivas (esto es la sobrecarga emocional)" (Llorens, Cifre, Salanova y Martínez[18]; Llorens, García, Salanova y Cifre[19]).

Los recursos son necesarios para lograr los objetivos y estimulan el crecimiento personal.

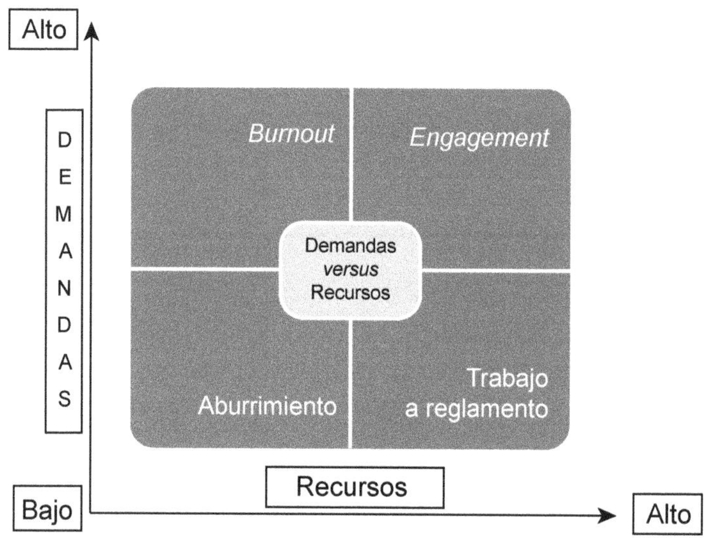

18 Llorens, S.; Cifre, E.; Salanova, M. y Martínez, I.: *Metodología RED-WoNT.* Departamento de Psicología Evolutiva, Educativa, Social y Metodología de la Universidad Jaume I de Castellón, 2003.

19 Llorens, S.; García, M.; Salanova, M. y Cifre, E.: *Revista de Psicología del Trabajo y de las Organizaciones,* Volumen 21, n.° 1-2 - Págs. 159-176, 2005.

Los síntomas que revelan un docente "quemado" son: cansancio físico, malestar psicológico, percepción de que no va a poder, desmotivación por la tarea y, más peligroso aún, desarrollo de actitudes cínicas hacia los alumnos. Esto conlleva un importante crecimiento del absentismo laboral, una baja calidad de la enseñanza y del aprendizaje de los alumnos, vínculos pobres o inexistentes, descontento en general en la comunidad educativa a la que pertenecen.

Según un estudio realizado por Marisa Salanova[20], los precursores más frecuentes de estrés son:

1. La cantidad de trabajo que les "sobrepasa", ya sea por falta de tiempo o exceso de tareas.
2. La sobrecarga de tipo emocional (se les exige que se impliquen a nivel personal con los alumnos, los padres, la sociedad, etc., en relaciones que son conflictivas).
3. Ambigüedad de rol o grado, en la que el profesor no tiene claro cuál es su rol como docente, qué se espera de él/ella por parte de la institución, los alumnos, los padres y la sociedad en general.
4. Conflicto de rol o grado en el que el profesor percibe instrucciones contradictorias respecto de cuáles son sus cometidos laborales.
5. Falta de apoyo social por parte de los compañeros, la institución, etc.
6. Falta de coordinación entre los compañeros para realizar trabajo en equipo.
7. Desmotivación, apatía e indisciplina por parte de los alumnos.
8. Obstáculos técnicos como problemas en el material didáctico y fallos y/o averías en la infraestructura y/o las instalaciones.

---

20 Salanova, Marisa: "Niveles de *burnout* y engagement en estudiantes universitarios. Relación con el desempeño y desarrollo profesional". *Revista de Psicología del trabajo y de las organizaciones,* 2003.

EN SU LIBRO DE BITÁCORA

Asigne un orden a los ocho obstáculos mencionados anteriormente de acuerdo con su percepción de la demanda que influye en usted. En caso de ser necesario, incluya o mencione uno que no se encuentre en el listado.

1. ______________________________

2. ______________________________

3. ______________________________

4. ______________________________

5. ______________________________

6. ______________________________

7. ______________________________

8. ______________________________

El estrés es una respuesta adaptativa, automática y natural a los diversos desafíos provocados por el entorno. Aparece cuando existe una demanda que supera los recursos. Este proceso posee dos fases:

- Tensión
- Recuperación

Cuando varían la **intensidad** y la **frecuencia**, pasa de ser estrés adaptativo a ser crónico. Este es el momento de un signo de **alarma**. Muchas veces no llegamos a la etapa de relajación y permanecemos en la tensión.

Cuando una persona considera que una situación le provocará daño, será amenazante o un desafío, elabora automáticamente respuestas a este contexto.

Estas respuestas pueden ser **automáticas** (llamadas distorsiones cognitivas). Algunas de ellas son:

- **Catastrofización**: aumentar o disminuir el efecto de una causa o un resultado. La herramienta es aquí preguntarse del 1 al 10 qué peso o implicancia tiene esta situación. (Por ejemplo: el acto no fue creativo. No me van a dar más proyectos para trabajar. / La directora no me da *feedback*, seguro no le gusta mi trabajo y van a prescindir de mis servicios el año entrante.)
- **Rumiación**: pensar en forma reiterada en la situación, sin intentar o lograr una solución al problema. (Pensemos en un grupo de alumnos indisciplinados: me quedo rumiando esa conducta y la emoción negativa de enojo y rechazo que me produce la situación sin poder visualizar una solución al problema.)
- **Autoinculpación**: tendencia a echarse exclusivamente la culpa por la situación generada (como en el ejemplo anterior, la rumiación puede ser acompañada de la autoinculpación, donde me reprocho no tener manejo de grupos; preguntarme qué evidencias tengo de que la situación es así permitirá desafiar ese pensamiento).

Las respuestas **elaborativas** se asocian a las siguientes nociones (Medrano y cols.[21]), las cuales nos permitirán gestionar esos pensamientos.

- Reinterpretación: cuestionar el pensamiento que generó esa emoción.
- Aceptación: me encuentro en una institución que no cuenta con los recursos técnicos necesarios, lo acepto y genero estrategias creativas para motivar a mis alumnos.
- Enfoque positivo.

21 Medrano, L. A. y cols.: "Procesos Cognitivos y Regulación Emocional: Aportes desde una aproximación psicoevolucionista", *SEAS Ansiedad y Estrés* 22, 2016.

- Enfoque en planes.
- Puesta en perspectiva.

Las emociones displacenteras se activan para responder a las demandas que tenemos, las emociones placenteras se activan para generar más recursos y así responder a las demandas. Es cuando se percibe una mayoría de emociones displacenteras y se quiere atender las demandas insatisfechas que se produce el *burnout.*

EN SU LIBRO DE BITÁCORA

Esta semana le propongo traer a la conciencia las situaciones que le causaron emociones displacenteras. Elija una. Escriba:

1. ¿Cuál fue el hecho que la causó?
2. ¿Qué emoción generó?
3. Marcar del 1 al 10 la intensidad de esa emoción (siendo 10 intenso malestar).
4. ¿Qué respuesta tuvo: automática o elaborativa?
5. Si fue automática, ¿de qué manera podría usted generar una nueva respuesta?

Engagement

Lo opuesto en nuestro eje al *burnout* es el *engagement.* Sin embargo, está oposición no es lineal. **¡Podemos no sentirnos estresados y tampoco tener *engagement*!**

Uno de los recursos más poderosos que aumentan el *engagement* y la motivación del docente es la **autoeficacia.** Bandura[22] la define como la “creencia en la propia capacidad para organizar y ejecutar los cursos de acción requeridos para manejar situaciones futuras”.

22 Bandura, Albert: *Self Efficacy.* W H Freeman & Co, pág. 3, Nueva York, 1997.

La creencia en nuestras propias capacidades determina el esfuerzo y la persistencia que le pondremos a esa tarea y se basa en la memoria. **Autoeficacia** no es lo mismo que **autoestima**. La autoeficacia está relacionada con un juicio cognitivo, basado en la memoria, acerca de nuestros propios recursos. Es un constructo cognitivo. La autoestima es el valor que nos otorgamos como personas.

Personas con alta eficacia	Personas con baja eficacia
• Se imponen desafíos y desarrollan nuevas habilidades.	• Evaden tareas en las cuales sienten que no lograrán un resultado satisfactorio.
• Intensifican sus esfuerzos cuando no están llegando a las metas.	• Reducen sus esfuerzos y se dan rápidamente por vencidos.
• Poseen baja ansiedad.	• Disminuyen sus aspiraciones.
• Ante situaciones difíciles, poseen bajo grado de estrés.	• Poseen alto grado de estrés y ansiedad.

Núcleo de Organizaciones Saludables, Universidad Siglo XXI.

EN SU LIBRO DE BITÁCORA

Haga un listado de su grupo de alumnos. Si pudiera rápidamente dividirlos en dos grandes grupos de acuerdo con el listado mencionado anteriormente, ¿qué nombres figurarían en cada lista?

Para incrementar la autoeficacia y la motivación, tanto a nivel personal como hacia un grupo o un alumno, Bandura (2007) sugiere trabajar sobre:

- Experiencias de éxito.
- Experiencias por imitación.
- Reconocimiento.
- Emociones positivas.

Experiencias de éxito

Se trata de enfocarnos en las situaciones o experiencias exitosas. "Las experiencias positivas y negativas pueden influir en la capacidad de un individuo para realizar una tarea determinada. Si uno se desempeñó bien en una tarea, previamente, es más probable que se sienta competente y tenga un buen desempeño en una tarea similarmente asociada" (Bandura, 1977).

Es interesante crear en el aula un **registro de éxitos** como, por ejemplo, un acto, trabajos prácticos con características sobresalientes, una salida, la intervención de un alumno en algún conflicto que fue resuelto exitosamente, etc.

Podemos analizar con nuestros alumnos y con nosotros mismos la **línea de tiempo del éxito** y generarla a lo largo del año o de un par de años con aciertos, fechas, habilidades puestas en juego, si recibimos ayuda y de quién.

➢ **ACTIVIDAD 16. Línea de tiempo del éxito**

1. Trace una línea de tiempo de su vida que abarque los últimos 10-20 años.
2. Coloque en ella los años clave para su desarrollo profesional.
3. Relacione esa fecha con una persona que haya influido en ese período. Escriba su nombre.
4. Describa qué valores y habilidades aportaron esos años y esa persona para su desarrollo.

Experiencias por imitación

"Las personas pueden desarrollar una autoeficacia baja o alta a través del desempeño de otras personas. Una persona puede ver a alguien en una posición similar actuar y, luego, comparar su propia experiencia con la experiencia del otro individuo" (Bandura, 1977).

Como docentes, ser capaces de reconocer las habilidades y los talentos de nuestros alumnos nos permite trabajar con este recurso. Por ejemplo, los que se desempeñan en matemáticas acompañan o tutorean a aquellos que perciben mayores dificultades en esta área. El uso de actividades de aprendizaje colaborativo nos sirve como herramienta de acompañamiento.

Reconocimiento

"La autoeficacia también está influenciada por el estímulo y el desaliento relacionados con el rendimiento la capacidad de actuación de un individuo" (Bandura, 2010).

El *feedback*, formal e informal, como herramienta de reconocimiento, será de gran utilidad a la hora de aumentar la autoeficacia. Como docentes, realizarnos un *autofeedback* y solicitar *feedback* a nuestros directivos debiera ser una iniciativa recurrente.

Emociones positivas

"Las personas experimentan sensaciones en su cuerpo y como perciben esta excitación emocional influye en sus creencias de eficacia" (Bandura, 1977).

Es de suma relevancia reconocer y diagnosticar en qué emoción se encuentra mi grupo y en cuál estoy yo como docente. Podemos evaluarlo con un simple test del 1 al 10 para ver en qué número nos encontramos hoy, o con colores entre los cuales cada uno represente una emoción.

Generadores de autoeficacia

- Reconocer las fortalezas en nuestros alumnos y en nosotros mismos.

- Asignar y tomar desafíos acordes a los recursos que poseemos.
- Enfocarnos en el progreso de las metas y acortar los tiempos de los resultados.
- Pedir y dar retroalimentación continua.
- Escuchar las propuestas de mejora. Abrir espacios de creatividad y aprendizaje.
- Festejar logros y aprender de los errores.

Parada 6. El docente-coach

En todo momento, lo que eliges determina lo que el mundo te entrega.
Deepak Chopra

Cada uno de nosotros puede considerar su vida y sus circunstancias como espacios emergentes de su experiencia y de los condicionamientos del entorno. Sin embargo, Steve Covey, en *Los 7 hábitos de la gente altamente efectiva*[23] considera que esos mapas no son el territorio: son una "realidad subjetiva", solo un intento de describir el territorio.

Nuestras creencias o nuestros paradigmas, correctos o incorrectos como ya hemos visto, son las fuentes de nuestras actitudes y conductas, y en última instancia, de nuestras relaciones con los demás.

Albert Einstein observó que "los problemas significativos que afrontamos no pueden solucionarse en el mismo nivel de pensamiento en el que estábamos cuando los creamos". Debemos cambiar el paradigma *tener-hacer-ser* por aquel que mira de "adentro hacia afuera".

"De adentro hacia afuera" significa empezar por la persona; más fundamentalmente, empezar por la parte más in-

23 Covey, Steve: *Los 7 hábitos de la gente altamente efectiva*. Paidós Ibérica, 2016.

terior de la persona: los paradigmas, el carácter y los motivos, lo que está por debajo del *iceberg*.

Esto significa que si yo deseo tener una familia feliz, tengo que fomentar actitudes positivas en mi familia, generando espacios de diálogo y promoviendo emociones positivas.

Si deseo tener un hijo adolescente más agradable y cooperativo, debo ser una madre/un padre más comprensivo, empático, coherente, cariñoso.

Si busco obtener mayor libertad, más margen en el trabajo, debo ser un empleado más responsable, más útil, más colaborador.

El enfoque de adentro hacia afuera mira en primer lugar **quién soy yo y qué debo hacer** para lograr aquello que deseo obtener como resultado. Me compromete a generar en mí valores y actitudes que deseo ver también en el otro o en mi entorno. Deja de lado la mirada hacia afuera, hacia el otro, echando culpas y me *respons-habiliza* (habilidad para responder) frente a las diversas circunstancias de la vida.

En su libro *El hombre en busca del sentido* (escrito tras sobrevivir a los campos de concentración de Auschwitz y Dachau) Viktor Frankl escribió: "Todo puede serle arrebatado a un hombre, menos la última de las libertades humanas: la de elegir su actitud en una serie dada de circunstancias, de elegir su propio camino. ¿No podemos cambiar la situación? Si no está en tus manos cambiar una situación que te produce dolor, siempre podrás escoger la actitud con la que afrontes ese sufrimiento". [24]

Cuando me centro en la mirada de adentro hacia afuera soy proactivo, me enfoco en aquello que puedo modificar, mis palabras, mis acciones, mi conducta, mis errores, etc.

---

24 Frankl, Viktor: *El hombre en busca de sentido*. Herder, Barcelona, 2009.

En este nuevo paradigma, el rol del docente-coach supone una transformación. El docente-coach es aquel que conoce su situación, sus capacidades, habilidades y las de su aula y, frente a esto, se *respons-habiliza* tomando lo mejor de cada uno, potenciando las fortalezas y aprendiendo de los errores.

Lenguaje reactivo	Lenguaje proactivo
No puedo hacer nada.	¿Qué alternativas tengo? Examinémoslas.
Yo soy así.	Puedo encontrar otra forma.
Me vuelven loco.	Gestiono mis emociones.
Debo…	Prefiero…
Tengo que…	Elijo…

Una mirada proactiva del docente-coach consiste en cambiar de adentro hacia afuera, ser distinto, y de esta manera provocar un cambio positivo en lo que está allí afuera: puedo ser más ingenioso, más diligente, más creativo, más cooperativo.

➢ ACTIVIDAD 17. Ampliando mi círculo de influencia

Adaptado del libro: *Los 7 hábitos de la gente altamente efectiva*, Steve Covey.

Todos tenemos un amplio abanico de preocupaciones: la salud, los hijos, el trabajo, la economía personal, la inseguridad, los padres, la institución, etc. Ya hemos visto que hay cosas sobre las cuales no tenemos control (clima, tránsito, las decisiones del otro, etc.) y hay otras, en cambio, en las que podemos tener influencia. Quien es proactivo centra su mirada en aquello sobre lo que puede influir: la salud, los hijos, el trabajo....

1. Durante esta semana, describa los retos y problemas a los que se enfrenta. ¿A cuál de las dos áreas corresponde cada uno? ¿Cuál es su respuesta inmediata?

Problema	Área	Respuesta
Caos del tránsito al regresar a casa	Círculo de preocupación	Enojo, tensión en músculos

2. Teniendo presente el modelo, colocar en el círculo de preocupación los "teneres" (Tengo que tener hijos más responsables/Tengo que tener un equipo más comprometido/Si yo tuviera más tiempo para mí/Si yo tuviera un esposo-directivo más comprensivo) y en el círculo de influencia los "seres" (Puedo ser más paciente/Puedo ser más proactiva, etc.). La idea es realizar un cambio de adentro hacia afuera para provocar un cambio positivo.

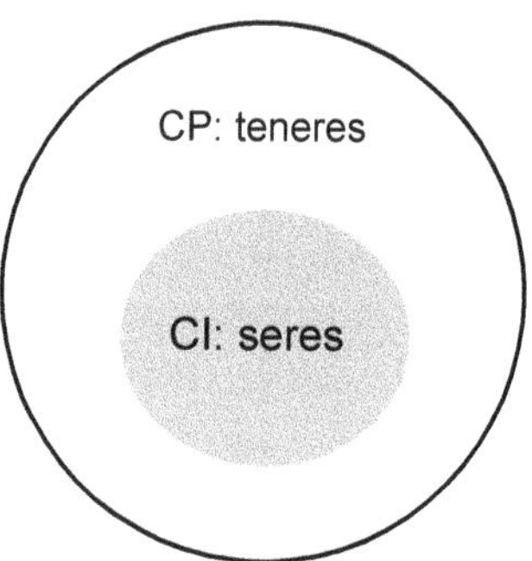

El docente-coach es aquel que desde el mismo lenguaje **acciona** en lugar de reaccionar. No culpa a fuerzas externas, a otras personas, a las circunstancias, etc., de su situación, sino que se hace cargo y acciona en consecuencia, producto de la propia elección consciente basada en valores. Es un facilitador y catalizador de las emociones en las que el alumno se piensa y se conoce a sí mismo. Acompaña a los alumnos a ser los artífices de su propio aprendizaje, dando espacio no solo al conocimiento sino al desarrollo de habilidades como el liderazgo, el trabajo en equipo, la empatía, la colaboración, el autoconocimiento y el pensamiento visible.

Cuento de la taza de té zen. Autor anónimo

Un profesor de una prestigiosa universidad, muy respetado y temido por sus alumnos debido a su gran dominio de los más diversos temas y su carácter autoritario, viajó una vez a Japón para entrevistarse con un famoso sabio que vivía retirado en una modesta casa de campo, dedicado al estudio y a la escritura.

El profesor estaba acostumbrado a tener la última palabra en todo y desechaba con demasiada frecuencia las opiniones de los demás, a quienes intimidaba con su inmensa erudición, su petulancia y su arrogancia.

En cuanto llegó a la casa del sabio, el profesor empezó a hablar del tema que iba a ser tratado en la visita. Hablaba sin parar, citaba frases de famosos personajes a cada momento, refiriéndose a los innumerables libros que había leído en las muchas conferencias que había dictado acerca de ese y otros tantos temas.

El sabio aprovechó una pausa en el monólogo del profesor para preguntarle si le apetecía una taza de té. Él le dijo que sí y continuó con su discurso. Mientras el profesor hablaba, el sabio se puso a llenar su taza de té. Comenzó echando el té poco a poco, primero hasta la mitad y luego hasta el borde de la taza.

Pero al llegar allí no se detuvo, sino que siguió echando más y más té, con toda la naturalidad del mundo, hasta que el líquido se desbordó también del plato y comenzó a manchar el mantel. Todo esto lo hacía sonriendo y escuchando al profesor, como si no pasara nada.

El profesor no se dio cuenta al principio, porque estaba demasiado entretenido hablando de sí mismo. Cuando se percató, después de un buen rato, quedó estupefacto:

—¡La taza está llena! ¡Ya no cabe más! –gritó.

—Lo mismo te pasa a ti —le dijo el sabio, con tranquilidad—. Tú también estás lleno de toda tu erudición, de todos los autores que citas, de todos los libros que has leído, de tus propias opiniones y tus ideas acerca de todo. ¿Cómo vas a poder escucharme o aprender algo de lo que yo pueda enseñarte si antes no vacías la taza?

Para poder aprender, primero debemos ser ignorantes. No tiene sentido aprender algo que ya sabemos. Decir que no sabemos algo impacta en nuestra imagen pública, debido a que la sociedad valora en primer lugar el conocimiento; y esto en realidad no es algo malo, lo malo es cuando fingimos saberlo todo o cuando esa actitud de sabelotodo se instala como actitud primordial en nosotros. Es importante tener en cuenta que un docente debe conocer su materia, eso es indiscutible, pero no necesita transformarse en un **sabelotodo**, ni tener permanentemente la razón. El sabelotodo no es el que sabe todo, sino **el que cree que es el único que está en lo cierto**, que su verdad es la única verdad. Es quien descarta ideas de otros porque son más jóvenes, que da órdenes sabiendo menos que otros. El sabelotodo siempre tiene razón, siempre está en lo correcto, siempre sabe qué hay que hacer para resolver cualquier problema.

Por ejemplo, un director sabelotodo, frente a la queja de un padre respecto de un docente, puede argumentar la indisciplina del grupo de alumnos o la escasa experiencia del docente. Como no se considera parte del problema, no puede ser parte de la solución. Por lo tanto, como menciona Fred Kofman, **el precio de la inocencia es la impotencia**. Es un espectador de la situación, no juega al fútbol, pero le gusta observar y dar directivas, eso le da seguridad. Es una víctima inocente de la situación. Nada puede hacer. ¿Nada?

El **aprendiz** reconoce los factores que están fuera de su control pero se centra en aquellos que puede modificar. Entiende que todo resultado es consecuencia de un desafío y de su habilidad para responder. Si el desafío es mayor que su habilidad, el resultado es negativo; si su capacidad es mayor que el desafío, entonces el resultado es positivo.

Por ejemplo, para motivar a los alumnos, un docente-coach debe incrementar su habilidad de motivación o reducir las actitudes negativas y de desgano de estos. Si solo se queda en la queja por la falta de motivación y los culpa por no involucrarse, se transforma en una víctima de esa misma situación.

Yo me veo como un factor causal de cualquier problema que me afecte y, como tal, puedo atender a la situación con mis capacidades.

Veamos un ejemplo. Dos personas van caminando a una entrevista y las agarra una lluvia. Al llegar les preguntan: ¿qué pasó? ¿Por qué se mojaron? El sabelotodo contesta: "Por la lluvia, no había lugar donde refugiarse". El aprendiz dice: "Nos alcanzó la lluvia y no había llevado paraguas". El sabelotodo le echa la culpa a la lluvia, el aprendiz acepta la responsabilidad de no haber llevado paraguas. Ambas opciones son válidas, pero el resultado no es el mismo. El sabelotodo se mojará cada vez que llueva mientras que el aprendiz habrá aprendido algo y llevará un paraguas, porque se responsabiliza de las situaciones. Para ser un aprendiz, la cualidad principal que se debe desarrollar es la **humildad**.

EN SU LIBRO DE BITÁCORA

¿Cómo se considera hoy como docente? ¿Como sabelotodo o como aprendiz? ¿Qué le hace pensar eso?

Para poder desarrollar este nuevo rol docente-coach, debemos principalmente enfocarnos en:

1. **Trabajar sobre nuestra maestría emocional** creando espacios donde las emociones puedan ser expresadas libremente sin ser juzgadas, bloqueadas, exacerbadas, sino transitadas y gestionadas, tanto en nuestros alumnos como, fundamentalmente, en nosotros mismos.
2. **Desarrollar habilidades comunicacionales**. Aprender a escuchar con empatía, preguntar, preguntar, preguntar. Incentivar una retroalimentación positiva donde la meta sea el crecimiento.

3. **Crear un espacio seguro de aprendizaje fortalecido por una actitud y una forma de ser diferentes**. Validar y dar espacio a otras miradas, fomentar espacios de trabajo colaborativo, comprender los aspectos emocionales que afecten el entorno.
4. **Motivar** desde un aprendizaje experiencial, escuchando y dando lugar a los intereses de sus alumnos.

Parada 7. El paso-a-paso en el aula

Dale un pez a un hambriento y comerá por un día,
enséñale a pescar y comerá toda la vida.

Anónimo

A lo largo de estas páginas hicimos un recorrido de los diversos ejes que sustentan este modelo.

Un modelo de coaching aplicado a la educación ofrece importantes beneficios, tanto para el docente como para el alumno. Así, y de forma sistémica, toda la comunidad educativa se ve beneficiada.

¿Cuáles son esos beneficios?

- Desarrollar habilidades en el docente-coach, potenciando lo mejor de sí mismo.
- Reconocer fortalezas.
- Ser conscientes de que una misma realidad tiene miradas diversas.
- Establecer objetivos.
- Trazar un plan de acción.
- Trabajar sobre el **ser** educador.
- Generar un espacio de crecimiento personal y profesional con un alto impacto en la comunidad.

A continuación, les ofrezco herramientas concretas, de uso práctico en el aula en un proceso a lo largo del ciclo escolar.

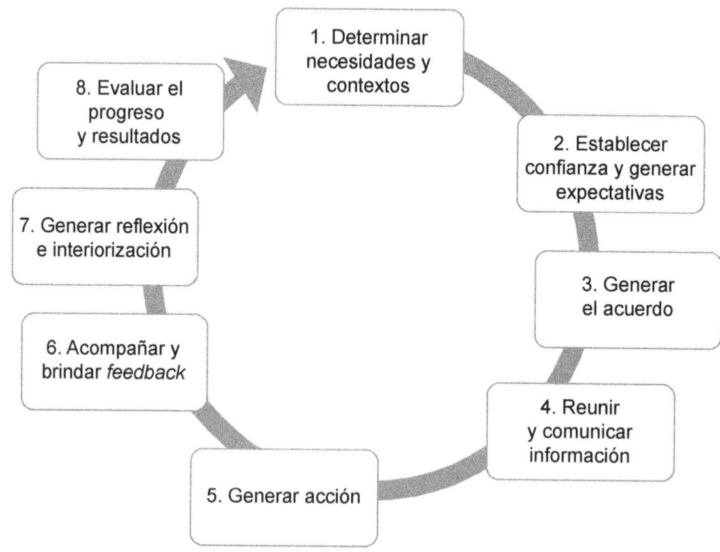

Fases del proceso de coaching educativo en el aula

Todo proceso comienza cuando dos o más actores deciden establecer un contexto de aprendizaje. Revisan la situación actual y plantean metas y objetivos a cumplir.

Esta fase es una de las más importantes, donde se genera y se establece la confianza.

Fase 1. Contexto

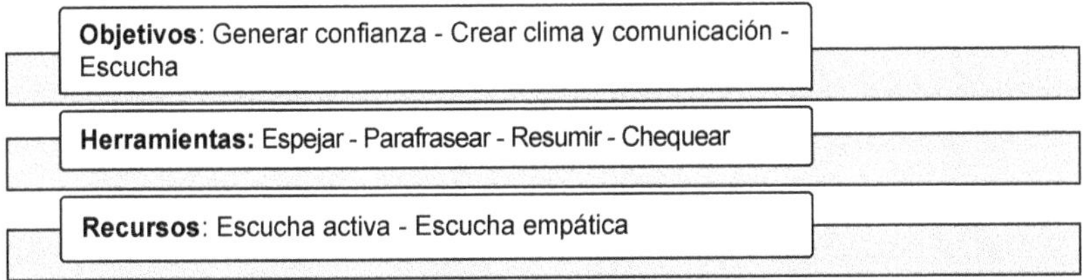

Debemos construir un ambiente positivo de aprendizaje, con el contexto emocional como ingrediente principal.

Robert Marzano y varios investigadores expertos en gestión de aulas investigaron la relación que existe entre el aprendizaje y el nivel de *engagement* de los alumnos, desarrollando cuatro preguntas orientadas al aprendizaje y centradas en el alumno.

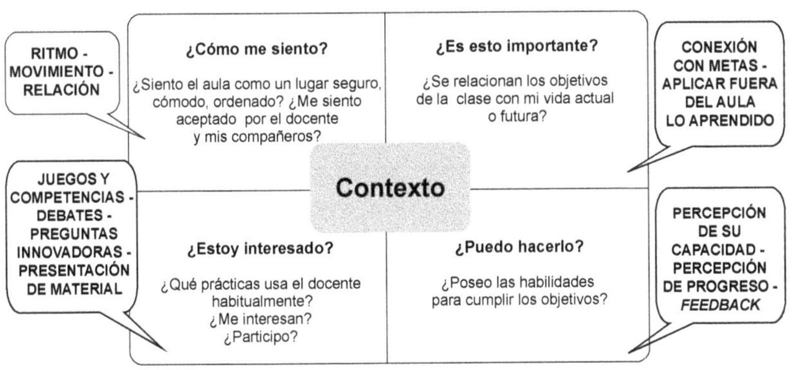

Robert Marzano. Las cuatro preguntas de involucración y atención.

La primera pregunta es: ¿cómo me siento? Si me siento en un contexto amenazante, ya sea por mi docente o mis compañeros, si estoy cansado, aburrido o si me duele la panza, me será muy difícil sentirme involucrado y tener ganas de aprender. Por el contrario, cuando la alegría, la aceptación y empatía invaden el aula, el aprendizaje ocurre.

Hoy sabemos, gracias a las neurociencias, que es fundamental en todo proceso de atención generar espacios de distrés o relajación. El promedio de capacidad de concentración de un niño de 6 años es de entre 12 y 30 minutos; el de uno de 10 años, 20 minutos. Por lo tanto, luego de estos períodos de trabajo debemos realizar **una Pausa activa**.

Ejemplos de Pausas activas:

a. Introducir un ejercicio de gimnasia mental (el doctor norteamericano Paul Denison desarrolló en los años 60 el concepto de *brain gym* para mejorar la atención y la concentración. Hoy sabemos que combinando algunas estrategias físicas y mentales generamos nuevas conexiones neuronales y mejoramos así el aprendizaje).
b. Si contamos con un proyector en el aula o un equipo de música, hacer uso de estos para generar una pequeña coreografía o un baile. Cuando bailamos, producimos neurotransmisores como endorfinas y dopamina, que están relacionados con el afecto, al igual que oxitocina, una hormona que, entre sus muchas funciones, propicia la empatía e incrementa la confianza entre las personas.

Generar **movimiento** en el aula, incluso trabajando los contenidos, nos permite mantener la energía. Si estamos estudiando un tema específico, podemos colocar cuatro preguntas escritas en una cartulina en las cuatro esquinas del aula y dividir a nuestros alumnos en cuatro grupos que deberán recorrer las cuatro esquinas para dejar sus respuestas a las preguntas. Realizar ejercicios de trabajo cooperativo fomenta el movimiento y la interacción.

Abordar la **relación** nos ayuda a generar ese espacio de confianza necesario entre alumnos y con el docente para que el aprendizaje ocurra. Trabajaremos sobre los acuerdos que hemos mencionado en el apartado "Aprender a aprender" de la Parada 1 (Actividad 6). Este acuerdo de aula sienta las bases para el trabajo que vendrá a lo largo del año, constituye los cimientos de una casa que deberá construirse sólida para no tambalear frente a las adversidades futuras, y genera una relación sólida entre pares y con el docente, que impacta directamente en los resultados deseados.

➢ **ACTIVIDAD 18. Nuestros derechos**

Los derechos son necesidades de las personas que han sido reconocidas jurídicamente por leyes internacionales y nacionales. Reflexione sobre sus derechos como docente. Haga una lista de su decálogo personal.

1. Tengo derecho a no conocer toda la información por la que me pregunten.
2. Tengo derecho a equivocarme.
3. ....
4. ....
5. ....
6. ....
7. ....
8. ....

Lo invito a confeccionar esta lista en una hoja A4 y a imprimirla para tenerla a mano todos los días. Esto le permitirá ser más flexible y perdonarse en muchas oportunidades.

Luego, lleve esta actividad a su aula. Confeccione con sus alumnos el decálogo de los derechos del aula. Sea flexible, ábrase a la creatividad de ellos.

Una técnica altamente efectiva la constituyen los **encuentros circulares**: al inicio de la jornada nos sentamos en una ronda y cada uno puede compartir una de las siguientes consignas: ¿cómo llegué hoy? ¿Qué fue lo mejor que me pasó esta semana? ¿En qué emoción estoy? Y también los **lunes de escucha**: se establece un día en la semana en que se realizará un círculo de la escucha, donde cada integrante tiene hasta tres minutos para contar cómo se siente, por qué se siente así, sin recibir comentarios, solo se agradece.

Fase 2. Situación actual

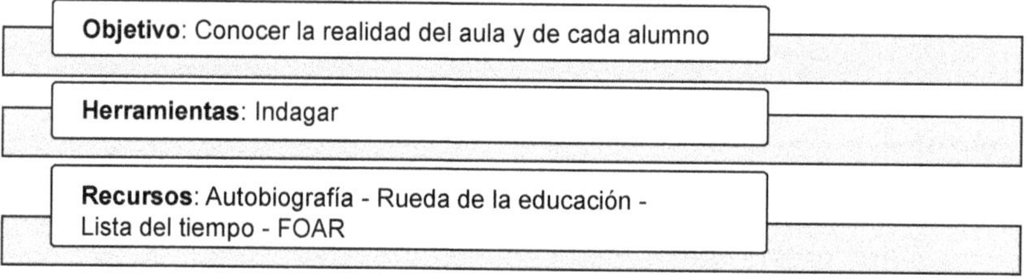

Esta fase se relaciona con la pregunta ¿es esto importante?

La actividad **Rueda de la vida escolar** (Actividad 9) nos permite observar la situación actual de cada uno de nuestros alumnos para trabajar acerca de sus intereses y necesidades.

➢ ACTIVIDAD 19. Su escudo personal

Para poder desarrollar sus metas, es necesario conocerlas. Lo invito a desarrollar su escudo personal.

Esta herramienta puede ser utilizada con nuestros alumnos para establecer metas basándonos en sus fortalezas y aquellas áreas a desarrollar.

➢ ACTIVIDAD 20. El autorretrato

Consiga una foto actual de usted, péguela en una hoja colorida y responda estas preguntas:

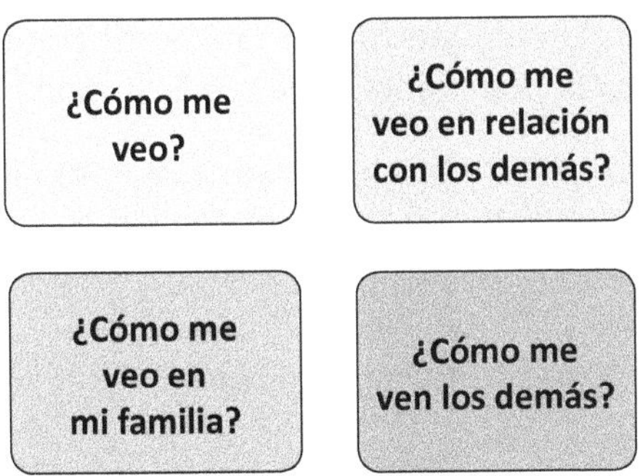

Permita a sus alumnos, en las primeras semanas de clase, trabajar con su autorretrato. Pida permiso para leerlos en forma privada. De esta manera estará conociendo otras facetas de sus alumnos. Que cada uno coloque su autorretrato en un sobre con su nombre y lléveselos y guárdelos. Antes de finalizar el año escolar y habiendo trabajado con ellos en su desarrollo integral, entrégueles nuevamente esos autorretratos para que evalúen si se produjo algún cambio.

El gran cambio que aporta el docente-coach al aula es que puede involucrase en el proyecto personal del alumno, acompañándolo a desarrollar su meta. Podemos trabajar en forma individual o grupal, contestando alguna de estas preguntas:

- ¿Qué quiero conseguir?
- ¿Quién lo ha conseguido antes?
- ¿Qué habilidades puedo potenciar para lograrlo?
- ¿De qué tengo que desprenderme para conseguir esta meta?
- ¿Qué plan voy a diseñar con acciones para lograrlo?
- ¿Cuándo y cómo lo voy a hacer?

EN SU LIBRO DE BITÁCORA

Le propongo realizar un listado de sus prácticas habituales con respecto a la presentación de material, repaso y evaluación de contenidos.

¿Son estas innovadoras? ¿Hay variedad? ¿Ve a sus alumnos interesados? ¿Quiénes participan con mayor frecuencia?

Fase 3. Planificar tareas

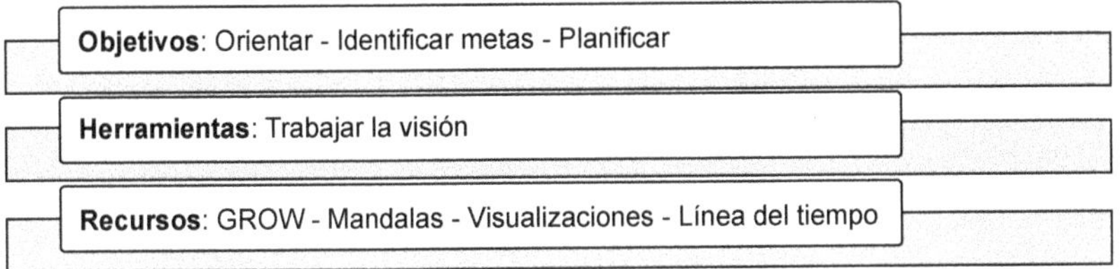

Hemos hablado ya acerca de la importancia de establecer la tarea primaria y de trabajar a partir de objetivos, identificando metas claras. Esto nos ayuda a alcanzar los resultados deseados. Consensuar y conversar esto con sus alumnos genera una motivación adicional en ellos.

Sabemos que el modelo GROW brinda la posibilidad de trazar estos objetivos y que los vuelve alcanzables en una realidad más próxima.

Recuerde que para cada unidad didáctica podemos trabajar con esta herramienta.

El establecimiento consciente y minucioso de metas permite:

- Plantearse metas reales, dejando de lado aquellas que podemos calificar como ilusiones o sueños.
- Considerar cada una de las acciones que nos llevarán a lograr nuestro objetivo.
- Evaluar el tiempo que nos llevará lograrlo.

Esta técnica permite concretar los objetivos que deseamos conseguir, darles una forma adecuada, determinar las acciones y conocer las capacidades o los recursos que tenemos para conseguirlos.

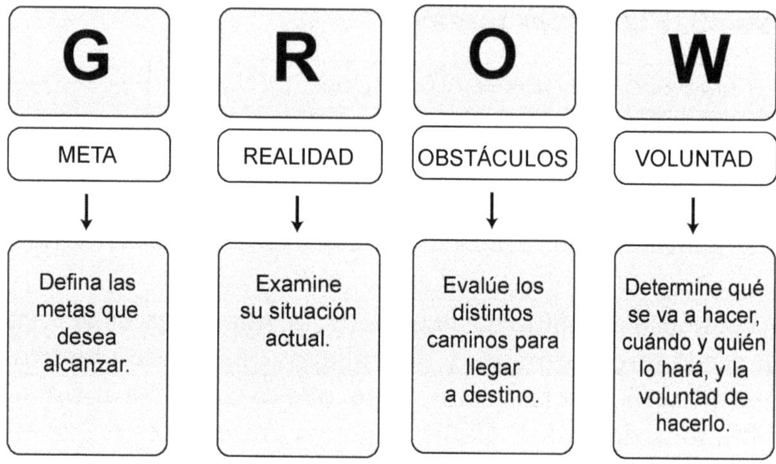

Para definir en primer lugar un objetivo, utilizaremos la técnica SMART:

S: Específico
M: Medible
A: Alcanzable
R: Realista
T: Tiempo

Por ejemplo, si me planteo como objetivo elevar el nivel académico de mi grupo, podemos preguntarnos: ¿elevar a cuánto? ¿Con qué partimos y a dónde queremos llegar? Este objetivo quedaría muy vago. Un objetivo específico sería el que sigue.

S - Específico: si, actualmente y luego de la etapa de diagnóstico, el 70% de los alumnos se encuentra en un promedio de seis en matemáticas, mi objetivo específico es que el 85% alcance un promedio de ocho al final el ciclo escolar.

M - Medible: podré medir si alcancé este objetivo, porque tendré la evaluación de diagnóstico de mis alumnos al inicio del ciclo escolar y promediando el cierre podré realizar evaluaciones o una ejercitación que me permita acceder a esos datos.

A y R - Alcanzable y Realista: un objetivo no realista o no alcanzable sería quizá que el 100% de los alumnos lograra un promedio de 9 o 10 puntos en sus resultados finales.

T - Tiempo: ¿en qué tiempo lo haré? Realizaré chequeos parciales a lo largo del año. El plazo será el año en curso.

➢ ACTIVIDAD 21. Estableciendo metas

(Para trabajar en forma personal o con sus alumnos)

Tome el modelo GROW y escriba qué desea lograr de aquí a fin de año respecto de su situación actual, elija solo un objetivo. Puede ser con su equipo de trabajo, con sus alumnos o un tema personal.

Escriba cada uno de los pasos.

G: Objetivo (debe ser un objetivo que usted pueda alcanzar sin factores externos. Es muy importante que se expresen en forma positiva. Recuerde la técnica SMART como eje fundamental).

R: Realidad (con qué recursos, conocimientos, habilidades, personas o alumnos cuento para alcanzarlos).

O: Obstáculos u Opciones (qué le impide o le impediría lograrlos, cuáles son los mejores caminos para lograrlos. Si es en la clase, qué tipo de actividades utilizaría, etc.).

W: Voluntad (¿cómo se harán?, ¿quién los hará?, ¿cuándo? Enunciar **tres acciones en positivo**, especificando el momento para realizarlas. Puede relacionar estas acciones con los recursos y habilidades con que cuenta).

Mandalas: Al igual que el escudo personal, el mandala nos permite trabajar con nuestros objetivos, lo que poseemos y lo que deseamos lograr.

Observen este mandala del equipo docente presentado a una institución educativa.

MANDALA DEL EQUIPO DOCENTE

VISIÓN
Objetivos
Metas
Deseos

APRENDIZAJE
Competencias
Habilidades
Herramientas

DESAPRENDER
Qué me limita
Qué me ata, obstaculiza

SOCIO-EMOCIONAL
Qué me hace feliz (personas, actividades)

A través del collage, utilizando recortes de diarios y revistas, lograron establecer el mandala de su sección. Podemos ofrecer estos espacios a nuestros alumnos para el autoconocimiento.

Fase 4. Aprendizaje

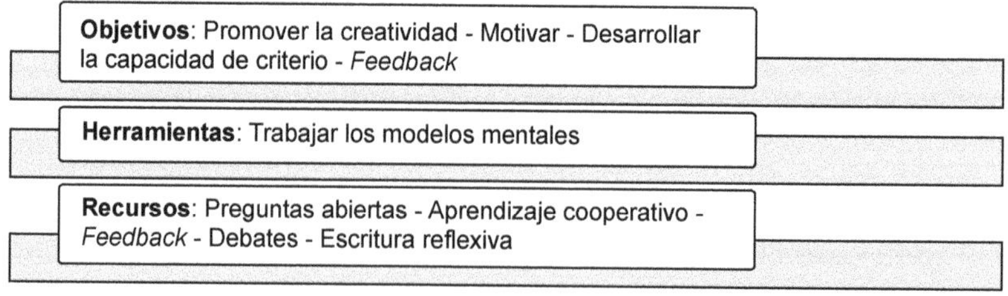

Existen distintas estrategias para incorporar en el aula y mejorar así el nivel de interés de los alumnos, promoviendo un aprendizaje eficaz.

- **El debate** ayuda a los alumnos a trabajar el razonamiento y a fundamentar argumentos a favor y en contra. Cuando estamos frente a la toma de decisiones, nuestra mente comienza a hacer uso de una serie de razonamientos y emociones que nos inclinan hacia una u otra alternativa. Entonces, nuestro cerebro navega cotejando entre las ventajas y las desventajas, los hechos, las emociones que determinan esa decisión, entre otras cosas. En su libro *Seis sombreros para pensar*, Edward de Bono[25] reproduce lo que tiene lugar en la mente cuando tomamos decisiones. De esta manera, cada sombrero emprende un proceso a la vez, organizando así diferentes puntos de vista. Cada sombrero representa una forma de ver, de pensar la situación.
Confeccione con cartulina seis sombreros de los seis colores que se presentan a continuación: blanco – rojo – azul – verde – amarillo – negro.

Imagine su clase de historia, en la que analiza el Imperio Romano y su influencia en nuestra cultura, o estudia los protagonistas del último libro de lectura. Cada grupo o estudiante posee un sombrero de un color y debe defender su posición sobre la base de este modo de ver.

25 De Bono, Edward: *Seis sombreros para pensar.* Granica, Barcelona, 1997.

Blanco: el sombrero de la neutralidad. Se basa en hechos, pura información comprobable. No se trata de expresar opiniones o deseos, sino todo lo que es cierto y comprobable. Es objetivo. *Tip*: utilizarlo al inicio para brindar la información correcta.

Rojo: este sombrero se centra en las emociones. Permite expresar las emociones, los sentimientos y las intuiciones.

Negro: es el sombrero de la cautela, del negativismo, a través del cual se anticipa a ciertas consecuencias para tenerlas en cuenta. Hay que cuidar que no se torne más crítico que constructivo. Es solo una invitación a evaluar posibles fallas o inconvenientes para prevenirlos o atenuarlos.

Amarillo: se relaciona con el optimismo, es el sombrero del pensamiento constructivo, que presenta propuestas para fomentar los cambios positivos. Es la contracara del sombrero negro y, teniendo en cuenta que nuestro cerebro se inclina naturalmente hacia los aspectos negativos, es un sombrero que cuesta mucho utilizar.

Verde: está orientado a la creatividad. Con este sombrero, las ideas más descabelladas encuentran espacio y escucha. Permite plantear posibilidades, huir de las viejas ideas, estar abiertos al cambio. Es una invitación a explorar nuevas ideas constantemente.

Azul: es el sombrero moderador, de control. Actúa como mediador y fiscalizador del desarrollo del ejercicio propuesto. Es un director de orquesta.

Este método nos permite simbolizar diferentes formas de mirar la realidad haciéndonos conscientes de cada una de las posiciones.

- **Las preguntas.** En las clases, habitualmente, los docentes preguntamos y solo un pequeño y siempre el mismo número de alumnos responde. Para comenzar, podríamos tener en el aula una cajita con números asignados a cada alumno y sacar uno o la cantidad de números requeridos según las preguntas a realizar, para que quienes las contesten sean designados de forma aleatoria y variada.
  Una buena idea es generar respuestas encadenadas: un alumno responde una pregunta y otro valora esa respuesta y así sucesivamente. Con esta técnica, estamos asimismo desarrollando e incentivando la habilidad de la escucha en nuestros alumnos.

> *He llegado a una conclusión aterradora: yo soy el elemento decisivo en el aula. Es mi actitud personal la que crea el clima. Es mi humor diario el que determina el tiempo.*
>
> *Como maestro, poseo el poder tremendo de hacer que la vida de un niño sea miserable o feliz. Puedo ser un instrumento de humor, de lesión o de cicatrización.*
>
> *En todas las situaciones, es mi respuesta la que decide si una crisis se agudizará o se apaciguará y si un niño se humanizará o se deshumanizará.*
>
> Haim Ginott

Estudio de casos

Lo invito a reflexionar sobre todo lo leído hasta ahora y a acompañarme en el análisis de los casos que les propongo a continuación.

Caso 1

La maestra de cuarto grado, Marta, solicita asesoramiento porque tiene una alumna, Candela, que provoca continuamente a sus compañeros, da respuestas agresivas a las preguntas que se le hacen y no trabaja, ni en clase, ni en su casa.

Marta sostiene que, teniendo en cuenta la familia que la niña tiene, nada se puede esperar de ella. "¿Qué se puede esperar?" es su frase.

Le planteó la situación a la directora para que esta intente revertirla, que converse con la alumna o los padres para encontrar una solución. Marta se siente superada.

La maestra quiere cambiar este cuadro, pero su actitud pasa por que otras personas hagan algo por ella, se declara incompetente para dar una respuesta adecuada. Su creencia respecto de la relación familiar de la alumna no le permite activar una resolución diferente. Prefiere culpar a esa situación antes que aventurarse en busca de nuevas respuestas. Está estancada en una creencia autolimitante: la alumna es una persona con problemas y yo me quedo en mi zona segura, de confort, y busco ayuda externa. ¿Qué haría usted si fuese Marta, esa maestra de cuarto grado?

Resolución

Trabajar con las creencias de Marta, que la están autolimitando, para obtener un resultado diferente con su alumna Candela. Se trata de empoderar a la maestra y ayudarla a buscar posibles estrategias que le hagan sentir que puede ayudar a la alumna.

Lo invito a reflexionar sobre estas preguntas como si fuese Marta:

- ¿Qué sentido tiene la actitud de Candela, en su opinión?
- ¿Qué ha intentado hasta ahora?
- ¿Qué no ha intentado?
- ¿Qué le gustaría que pase?

Para modificar la creencia sobre Candela, es necesario conversar con ella acerca de lo que está sucediendo y conocer su mirada y su realidad, y cómo se siente ella. Si de esta manera Marta rectifica su percepción, comenzará a ver la realidad desde otra perspectiva, que habilitará diferentes resultados.

En la conversación entre Marta y Candela, que bien podría ser una conversación con cualquiera de nuestros alumnos, es importante recordar la importancia de:

Parafrasear - Resumir - Clarificar - Indagar

Caso 2

Para llegar a entender al otro…

Carla es profesora desde hace dos años y plantea una dificultad muy concreta. Siente que su voz no es escuchada en las reuniones de docentes, que no se le pide nunca una opinión y cuando la expresa, a menudo es desautorizada por algunas personas del equipo. Tiene un grupo considerado "conflictivo" y cuando pide ayuda o habla de alguna situación que la preocupa, el resto del equipo minimiza sus dificultades –a su juicio–, no parece interesarse por aportar una solución. Carla está por debajo de la media de edad del equipo docente y, como consecuencia natural, tiene menos experiencia que muchos de los otros. Ella piensa que esto puede estar influyendo. Su deseo es que el resto del equipo la tenga en cuenta y sentirse más valorada.

Si usted fuese Carla, ¿qué actitud adoptaría, como docente-coach?

Caso 3

Leonardo Haberkorn es un periodista y profesor uruguayo que decidió renunciar a dar clases en la Universidad ORT de Montevideo. ¿Por qué? Porque se cansó. Haberkorn se cansó de lidiar con el desinterés de sus alumnos, de competir con el celular, Facebook y WhatsApp.

Por lo tanto, Leonardo publicó una carta en su blog, explicando las razones por las que decidió dejar de enseñar periodismo en la Universidad, la cual se hizo viral.

A continuación compartimos la carta completa:

Con mi música y la Falacci a otra parte...

> Después de muchos, muchos años, hoy di clase en la universidad por última vez. No dictaré clases allí el semestre que viene y no sé si volveré algún día a dictar clases en una licenciatura en periodismo.
>
> Me cansé de pelear contra los celulares, contra WhatsApp y Facebook. Me ganaron. Me rindo. Tiro la toalla. Me cansé de estar hablando de asuntos que a mí me apasionan ante muchachos que no pueden despegar la vista de un teléfono que no cesa de recibir selfies.
>
> Claro, es cierto, no todos son así.
>
> Pero cada vez son más.
>
> Hasta hace tres o cuatro años, la exhortación a dejar el teléfono de lado durante 90 minutos –aunque más no fuera para no ser maleducados– todavía tenía algún efecto. Ya no. Puede ser que sea yo, que me haya desgastado demasiado en el combate. O que esté haciendo algo mal. Pero hay algo cierto: muchos de estos chicos no tienen conciencia de lo ofensivo e hiriente que es

lo que hacen. Además, cada vez es más difícil explicar cómo funciona el periodismo ante gente que no lo consume ni le ve sentido a estar informado.

Esta semana, en clase, salió el tema Venezuela. Solo una estudiante en 20 pudo decir lo básico del conflicto. Lo muy básico. El resto no tenía ni la más mínima idea. Les pregunté si sabían qué uruguayo estaba en medio de esa tormenta. Obviamente, ninguno sabía. Les pregunté si conocían quién es Almagro. Silencio. A las cansadas, desde el fondo del salón, una única chica balbuceó: ¿no era el canciller?

¿Saben quién es Vargas Llosa? ¡Sí!

¿Alguno leyó alguno de sus libros? No, ninguno.

Conectar a gente tan desinformada con el periodismo es complicado. Es como enseñar botánica a alguien que viene de un planeta donde no existen los vegetales. Que la incultura, el desinterés y la ajenidad no les nacieron solos. Que les fueron matando la curiosidad y que, con cada maestra que dejó de corregirles las faltas de ortografía, les enseñaron que todo da más o menos lo mismo.

No quiero ser parte de ese círculo perverso.

Nunca fui así y no lo seré.

Lo que hago, siempre me gustó hacerlo bien. Lo mejor posible. Justamente, porque creo en la excelencia, todos los años llevo a clase grandes ejemplos del periodismo, esos que le encienden el alma incluso a un témpano. Este año, proyectando la película *El informante*, sobre dos héroes del periodismo y de la vida, vi a gente dormirse en el salón y a otros chateando en WhatsApp o Facebook. ¡Yo la vi más de doscientas veces y todavía hay escenas donde tengo que aguantarme las lágrimas!

También les llevé la entrevista de Oriana Fallaci a Galtieri. Toda la vida resultó. Ahora se te va una clase entera en preparar el ambiente: primero tienes que contarles quién era Galtieri, qué fue la Guerra de las Malvinas, en qué momento histórico la corajuda periodista italiana se sentó frente al dictador. Les expliqué todo. Les pasé el video de la Plaza de Mayo repleta de una multitud enloquecida vivando a Galtieri, cuando dijo: "¡Si quieren venir, que vengan! ¡Les presentaremos batalla!". Normalmente, a esta altura, todos los años ya había conseguido que la mayor parte de la clase siguiera el asunto con fascinación. Este año no. Caras absortas. Desinterés. Un pibe despatarrado mirando su Facebook. Todo el año estuvo igual.

Llegamos a la entrevista. Leímos los fragmentos más duros e inolvidables.

Silencio.

Silencio.

Silencio.

Ellos querían que terminara la clase.

Yo también.

Por un momento, imagine ser un colega o el director de Leonardo. Con todo lo aprendido hasta ahora, ¿qué preguntas le gustaría hacerle? Recuerde utilizar las técnicas vistas con anterioridad.

EN SU LIBRO DE BITÁCORA

¿Cuáles han sido sus aprendizajes con este libro?

¿Qué puede ver de manera diferente con respecto a su situación al comienzo de su lectura?

Presente un bosquejo de un paso-a-paso del modelo de coaching para un año lectivo personal. Recuerde ser lo más específico posible en cuanto a acciones y tiempo.

El objetivo final de esta tarea es que pueda poner en la práctica todas las herramientas y conceptos que hemos estado trabajando. Lo invito a reflexionar, a salir de su zona de confort, a desafiarse a sí mismo para que esta experiencia sea de aprendizaje. No hay respuestas correctas, solo lo que cada uno puede ver. Entonces, ¡manos a la obra!

Ser docente supone mucho más que saber: supone ser capaz de crear relaciones sólidas y generar ambientes que faciliten el aprendizaje, recordando que este ocurre cuando alguien quiere aprender y no cuando alguien desea enseñar.

Los docentes debemos enseñar pero también cumplimos otras funciones como facilitar, apoyar, animar e inspirar a nuestros alumnos, soplar esa brasa interior.

Crear una cultura de coaching en una escuela es un proceso.

El coaching será así un vehículo para promover cambios efectivos.

¡Gracias por acompañarme en este proceso!

Anexo

Test de inteligencias múltiples

Lo invitamos a trabajar con este test de Howard Gardner con sus alumnos, para que ellos adquieran conocimientos de cuáles son las inteligencias que prevalecen en ellos.

Instrucciones

Lea cuidadosamente cada una de las afirmaciones siguientes.

A. Si cree que una frase refleja una característica suya y le parece que la afirmación es verdadera, escriba una V.

B. Si cree que no refleja una característica suya y le parece que la afirmación es falsa, escriba una F.

C. Si tiene dudas porque a veces es verdadera y a veces falsa, no escriba nada y déjela en blanco.

1. ________ Prefiero hacer un mapa que explicarle a alguien cómo tiene que llegar a un lugar determinado.
2. ________ Si estoy enfadado o contento, generalmente sé la razón exacta de por qué es así.
3. ________ Sé tocar, o antes sabía, un instrumento musical.
4. ________ Asocio la música a mis estados de ánimo.
5. ________ Puedo sumar o multiplicar mentalmente con mucha rapidez.
6. ________ Puedo ayudar a un/a amigo/a a manejar y controlar sus sentimientos, porque yo lo pude hacer antes respecto de sentimientos parecidos.
7. ________ Me gusta trabajar con calculadora y computadoras.
8. ________ Aprendo rápidamente a bailar un baile nuevo.
9. ________ No me es difícil decir lo que pienso durante una discusión o debate.
10. ________ Disfruto de una buena charla, prédica o sermón.
11. ________ Siempre distingo el Norte del Sur, esté donde esté.
12. ________ Me gusta reunir grupos de personas en una fiesta o un evento especial.
13. ________ Realmente, la vida me parece vacía sin música.
14. ________ Siempre entiendo los gráficos que vienen en las instrucciones de equipos o instrumentos.
15. ________ Me gusta resolver *puzzles* y entretenerme con juegos electrónicos.
16. ________ Me fue fácil aprender a andar en bicicleta o patines.
17. ________ Me enojo cuando escucho una discusión o una afirmación que me parece ilógica o absurda.
18. ________ Soy capaz de convencer a otros de seguir mis planes o ideas.
19. ________ Tengo buen sentido del equilibrio y de coordinación.

20. _______A menudo puedo captar relaciones entre números con mayor rapidez y facilidad que algunos de mis compañeros.

21. _______Me gusta construir modelos, maquetas o hacer esculturas.

22. _______Soy bueno para encontrar el significado preciso de las palabras.

23. _______Puedo mirar un objeto de una manera y con la misma facilidad verlo dado vuelta o al revés.

24. _______Con frecuencia establezco la relación que puede haber entre una música o una canción y algo que haya ocurrido en mi vida.

25. ______ Me gusta trabajar con números y figuras.

26. _______Me gusta sentarme muy callado y pensar, reflexionar sobre mis sentimientos más íntimos.

27. ______ Solamente con mirar las formas de las construcciones y estructuras me siento a gusto.

28. _______Cuando estoy en la ducha, o cuando estoy solo, me gusta tararear, cantar o silbar.

29. _______Soy bueno para el atletismo.

30. _______Me gusta escribir cartas largas a mis amigos.

31. _______Generalmente me doy cuenta de la expresión o los gestos que tengo en la cara.

32. _______Muchas veces me doy cuenta de las expresiones o los gestos en la cara de las otras personas.

33. _______Reconozco mis estados de ánimo, no me cuesta identificarlos.

34. _______Me doy cuenta de los estados de ánimo de las personas con las que me encuentro.

35. _______ Me doy cuenta bastante bien de lo que los otros piensan de mí.

Hoja de corrección

Haga un círculo en cada uno de los ítems que marcó como verdadero. Un total de 4 en cualquiera de las categorías indica que tiene una habilidad sobresaliente. Una puntuación de 5 muestra una habilidad excelente en ese campo.

1. A) 9-10-17-22-30 =
2. B) 5-7-15-20-25 =
3. C) 1-11-14-23-27 =
4. D) 8-16-19-21-29 =
5. E) 3-4-13-24-28 =
6. F) 2-6-26-31-33 =
7. G) 12-18-32-34-35 =

Las siete inteligencias según Howard Gardner

Inteligencia Verbal / Lingüística

Comprende la capacidad para emplear efectivamente las palabras, ya sea en forma oral o escrita. La utilizamos cuando hablamos en una conversación formal o informal, cuando ponemos pensamientos por escrito, escribimos poemas, o escribimos una carta a un amigo. Es la capacidad para traducir en palabras adecuadas, pertinentes y exactas lo que se piensa. Según Gardner, este tipo de capacidad está en su forma más completa en los poetas.

Inteligencia Lógica/ Matemática

Consiste en la capacidad para utilizar los números en forma efectiva y para razonar de modo lógico. Se asocia a menudo con lo que llamamos el pensamiento científico. Utilizamos esta inteligencia cuando podemos realizar patrones abstractos, como contar de dos en dos o saber si hemos recibido el vuelto correcto en el supermercado. También la usamos para encontrar conexiones o ver relaciones entre trozos de información.

Inteligencia Visual/Espacial

Es la capacidad de percibir el mundo visual espacial en forma adecuada. Puede verse expresada claramente en la imaginación de los niños. Utilizamos esta inteligencia cuando hacemos un dibujo para expresar nuestros pensamientos o nuestras emociones, o cuando decoramos una pieza para crear cierta atmósfera, o cuando jugamos al ajedrez. Nos permite visualizar las cosas que queremos en nuestras vidas. Es la capacidad para formarse un modelo mental de un espacio y para maniobrar y operar usándolo. Requieren de esta clase de inteligencia, de modo especial, los marinos, ingenieros, cirujanos, escultores, pintores.

Inteligencia Corporal/Kinestésica

Se encuentra en la habilidad para utilizar el cuerpo entero para expresar ideas y sentimientos. Esta inteligencia se ve cuando en el teclado se escribe una carta, cuando se anda en bicicleta, cuando se está en un auto o manteniendo el equilibrio al caminar. Es la capacidad para resolver problemas o para elaborar productos empleando el cuerpo o alguna de sus partes. Muestran esta clase de inteligencia en un nivel superior, los bailarines, los atletas, los cirujanos y los artesanos.

Inteligencia Musical/Rítmica

Es la capacidad que algunos poseen de percibir, discriminar y juzgar, transformar y expresar a través de formas musicales. Utilizamos esta inteligencia cuando tocamos o escuchamos música, para calmarnos o estimularnos. Está muy presente cuando luego de escuchar alguna música la repetimos en la mente todo el día. Implica el aprecio por la música, el canto, tocar un instrumento musical, etc. Entre ellos están los buenos cantantes, los cantautores.

Inteligencia Intrapersonal

Es la capacidad para comprenderse a uno mismo y para actuar en forma autorreflexiva y acostumbrarse a ello. También se llama Inteligencia Introspectiva. Nos permite reflexionar acerca de nosotros mismos. Involucra el conocimiento y la conciencia de los aspectos internos de la persona, tales como los sentimientos, el proceso pensante y la intuición acerca de realidades espirituales. Es la capacidad para autocomprenderse, conocerse bien, saber cuáles son los lados brillantes y cuáles los lados opacos de la propia personalidad.

Inteligencia Interpersonal

Es la capacidad para captar y evaluar en forma rápida los estados de ánimo, intenciones, motivaciones, sentimientos de los demás. La experimentamos en forma más directa cuando participamos de un trabajo en equipo, ya sea deportivo, en la iglesia o en una tarea comunitaria. Nos permite desarrollar un sentido de empatía y de preocupación por el tema. También nos permite mantener nuestra identidad individual. Es también capacidad para entender a las otras personas. La desarrollan los ministros, los religiosos, los orientadores, los psicólogos, los buenos vendedores, los padres para poder comprender y dialogar con sus hijos.

Inteligencia Naturalista

Es la capacidad para desenvolverse en la naturaleza. La que utilizamos cuando observamos y estudiamos la naturaleza. Es la que demuestran los biólogos, los naturalistas, los ecologistas.

Bibliografía

Acaso, María: *rEDUvolution*. Paidós Ibérica, Barcelona, 2013.

Aguilar, Elena: *The Art of Coaching*. John Wiley & Sons Inc., San Francisco, 2013.

Bandura, Albert: *Self Efficacy*. W. H. Freeman & Co, pág. 3, Nueva York, 1997.

Bisquerra, Rafael: *Las competencias emocionales*. Facultad de Educación UNED, 2007.

———: *Educación Emocional: Propuestas para educadores y familias*. Desclée De Brouwer, Bilbao, 2013.

Blackwell, L.; Trzesniewski, K. y Dweck, C.: "Teachers' and Teacher Students' Conceptions of Learning and Creativity", *Scientific Research*. Creative Education, 2007.

Covey, Steve: *Los 7 hábitos de la gente altamente efectiva*. Paidós Ibérica, Buenos Aires, 2016.

Dweck, Carol: *Mindset, la actitud del éxito*. Sirio, Málaga, 2016.

De Bono, Edward: *Seis sombreros para pensar*. Granica, Buenos Aires, 1997.

Frankl, Viktor: *El hombre en busca de sentido*. Herder, Barcelona, 2009.

Frederickson. B. L. y Losada, M.: "Positive Affect and the Complex Dynamics of Human Flourishing", *American Psychologist*, 2005.

Gallwey, Timothy: *El juego interior del tenis* (*The Inner Game of Tennis*). Editorial Sirio, Buenos Aires, 1974.

Giner Tarrida, Antoni y Lladó Moreno, Roser: *El coaching en Educación*. Horsori, España, 2015.

Giraldes Hayes, Andrea y Van Nieuwerburgh, Christian: *Coaching Educativo*. Ediciones Paraninfo, Madrid, 2016.

Goleman, Daniel: *Inteligencia Emocional*. Kairós, Barcelona, 1996.

Guarnieri, Silvia y Ortiz de Zárate, Miriam: *No es lo mismo*. LID, Madrid, 2010.

Higgings, R.; Hartley, P. y Skelton, A.: "Using a Clean Feedback Model to Facilitate the Learning Process". *Scientific Research*. Creative Education, 2002.

Kofman, Fred: *Metamanagement*. Grito Sagrado, Buenos Aires, 2001.

Llorens, S.; Cifre, E.; Salanova, M. y Martínez, I.: *Metodología red-WoNT*. Departamento de Psicología Evolutiva, Educativa, Social y Metodología de la Universidad Jaume I de Castellón, 2003.

Llorens, S.; García, M.; Salanova, M. y Cifre, E.: *Revista de Psicología del Trabajo y de las Organizaciones 2005*. Volumen 21, n.º 1-2 - Págs. 159-176. ISSN: 1576-5962.

López Pérez, Coral y Valls Ballesteros, Carmen: *Coaching educativo*. Ediciones SM, España, 2013.

Lyubomirsky, Sonja: *La ciencia de la felicidad*. Urano, España, 2008.

Martín Pérez, Pilar y Esteban Rodríguez, Sonia: *Conduces tú: Coaching Educativo*. Editorial EOS, Madrid, 2015.

Medrano, L. A. y cols.: "Procesos Cognitivos y Regulación Emocional: Aportes desde una aproximación psicoevolucionista", *SEAS Ansiedad y Estrés* 22, 2016.

——— y Pérez, Edgardo: *Manual de psicometría y evaluación psicológica*. Editorial Brujas, Córdoba, 2018.

Punset, Elsa: *El libro de las pequeñas revoluciones*. Planeta, Buenos Aires, 2016.

Rafael Echeverría: *Ontología del lenguaje*. Granica, Buenos Aires, 2018.

Salanova, Marisa: "Niveles de *burnout* y *engagement* en estudiantes universitarios. Relación con el desempeño y desarrollo profesional". *Revista de Psicología del trabajo y de las organizaciones*, 2003.

———; Schaufeli, W.; Llorens, S.; Grau, R. y Peiró, J.: "Desde el *burnout* al *engagement*: ¿una nueva perspectiva?". *Revista de Psicología del Trabajo y de las Organizaciones*. 16. 117-134, 2000.

Schaufeli, W. B. y Salanova, M.: "The Measurement of Engagement and Burnout: A Two Sample Confirmatory Factor Analytic Approach". *Journal of Happiness Studies*. 3. 71-92. 10.1023/A:1015630930326. 2002.

Wolk, Leonardo: *El arte de soplar brasas*. Gran Aldea Editores, Buenos Aires, 2009.

www.ingramcontent.com/pod-product-compliance
Ingram Content Group UK Ltd.
Pitfield, Milton Keynes, MK11 3LW, UK
UKHW021652190726
13853UKWH00001B/223

9 789506 419974